语文教师有效教学技能案例训练丛书

yuwen jiaoshi youxiao jiaoxue jineng anli xunlian congshu

陈建伟主编

yuwen jiaocai youxiao yanjiu yu

shiyong jineng xunlian

语文教材有效研究与使用技能训练

亓东军 编著

暨南大学出版社

JINAN UNIVERSITY PRESS

中国·广州

图书在版编目（CIP）数据

语文教材有效研究与使用技能训练/亓东军编著 . —广州：暨南大学出版社，2013.11
（语文教师有效教学技能案例训练丛书）
ISBN 978 - 7 - 5668 - 0817 - 2

Ⅰ. ①语⋯ Ⅱ. ①亓⋯ Ⅲ. ①中学语文课—教学研究—师范大学—教材 Ⅳ. ①G633.302

中国版本图书馆 CIP 数据核字（2013）第 247870 号

出版发行：暨南大学出版社

地　　址：中国广州暨南大学
电　　话：总编室（8620）85221601
　　　　　营销部（8620）85225284　85228291　85228292（邮购）
传　　真：（8620）85221583（办公室）　　85223774（营销部）
邮　　编：510630
网　　址：http：//www.jnupress.com　http：//press.jnu.edu.cn

排　　版：广州市天河星辰文化发展部照排中心
印　　刷：湛江日报社印刷厂

开　　本：787mm×960mm　1/16
印　　张：13.5
字　　数：160 千
版　　次：2013 年 11 月第 1 版
印　　次：2013 年 11 月第 1 次

定　　价：29.80 元

前　言

　　进入 21 世纪以来，随着我国基础教育课程改革的不断发展，中小学校的课程已经逐步从过于注重知识传授转变为强调学生主动学习和掌握知识，从过于强调学科本位转变为注重课程结构的均衡性、综合性和选择性，从过于注重书本知识转变为强调课程与社会生活的联系，从过于强调接受学习、死记硬背、机械训练转变为积极倡导学生自主、合作、探究的学习方式，从过分强调评价的甄别和选拔功能转变为积极发挥评价对学生发展、教师提高和改进教学实践方面的促进功能，从课程管理过于集中转变为三级管理，增强课程对地方、学校及学生的适应性。这一系列的变化必然对教师的专业素质特别是直接作用于学生学习行为的教学技能提出新的要求。

　　"语文教师有效教学技能案例训练丛书"的编写，以语文课程改革中教师的角色转变为指向，围绕当今语文教学所需要的专业技能，遵循教师专业发展的规律，以有效教学理论为依据，精选具有典型意义的案例来作为语文教师专业技能训练的材料，并设计出具有实用性、操作性及高效性的训练项目，以期推动语文教师专业技能培养的有效进行。

　　本丛书以单元方式构建训练项目，呈现专项训练内容。每个单元都包含训练导言、案例分析、技能训练等板块，力求使学习者获得知能并进的效益。丛书语言简洁易读，训练程序清晰。

　　《语文教材有效研究与使用技能训练》一书，主要帮助

"准教师"或教师了解新课程改革背景下语文教材的编排理念、体例结构及选文变化，明确语文教材有效研究的基本思路和策略，通过对教材中具体文本的处理、加工，创生有效的语文教学内容，从而达到提高语文教学效果、提升语文教学质量的目的。

本丛书适用于高等师范院校汉语言文学专业本、专科学生以及教育硕士专业学位研究生的教学技能训练，并可作为在职语文教师的职务培训教材。

为保证编写质量，本丛书各分册皆由具有丰富教育经验的高等师范院校语文课程与教学论教师、国家基础教育课程改革及教师继续教育培训专家担任编者，主要有陈建伟（华南师范大学）、许书明（四川师范大学）、张伟（四川师范大学）、林晖（广州大学）、亓东军（北京教育学院丰台分院）、夏敏（新疆师范大学）等。

本丛书在编写过程中，引用了部分同行的教学及研究成果，这些优秀成果必将在语文教师专业发展教育中发挥积极作用。在此，谨向这些同行致以由衷的谢意。

编　者
2013 年 9 月

目　录

引　言

　　我国的语文教材是"文选型"，即由一篇篇选文构成单元，再由一个个单元组合成分册（模块），完成了若干分册（模块）的学习也就完成了一个学段的语文学习。所以，对于选文文本的准确阐释和科学定位是达成语文教学目标的基础和关键。与其他学科相比，语文教材中的文本具有"再生成性"。语文教材编辑者按照其对语文课程标准的理解选择、编辑文本，语文教师参照生源水平和预设的课程目标阐释、使用文本；学生依据教师要求和学习目的理解、接受文本。语文教材的编辑、一线语文教师和学生，因对文本的使用目的不同，更因为文化素养、生活阅历和思维方式的差异，对同一篇文本会产生不同的阐释，即使是有权威的解释，也常因时代不同产生认知差异。这就是语文文本的"再生成性"。

　　对一篇课堂上呈现的教学文本，"教什么"、"怎么教"是由语文教师来决定的。如果教师的文本解读能力达不到一定的专业水准，就会产生不适当的教学内容。所以，对教材文本的研究能力应该是一个语文教师重要的学科能力之一。

一、语文教材有效研究和使用技能的基本理念与原则

（一）语文教材有效研究和使用技能的基本理念

1. 以学生为本

《义务教育语文课程标准（2011 年版）》明确指出："语文课程致力于培养学生的综合素养，为学好其他课程打下基础；为学生形成正确的世界观、人生观、价值观，形成良好个性和健全人格打下基础；为学生的全面发展和终身发展打下基础。"同样，在《普通高中语文课程标准（实验）》中也有清晰的表述："高中语文应进一步提高学生的语文素养，使学生具有较强的语文应用能力和一定的审美能力、探究能力，形成良好的思想道德素质和科学文化素养，为终身学习和有个性的发展奠定基础。"这些内容说明语文除培养学生语言文字的运用能力之外，还要关注学生在语言学习过程中的自我认同与自我发展，说明语言发展与学生自身发展、终身发展的关系。这一目标的基本内容就是语文课程要面向全体学生，使学生获得基本的语文素养。而我们的课堂教学中常常有"忘了学生"的情况出现。课堂上重视教师的"教"而忽视学生的"学"，课堂成了教师展示自我风采的地方，学生的"学"没有被凸显出来。具体到课堂上，就是教师留给学生的读书时间较少，学生被动思考，积极性没有被调动起来，学生的思维品质和学科素养没有得到有力的培养等等。

国外阅读学研究中有一种有趣的"杰克现象"：一个名叫杰克的学生常常抱怨课文太没味道，不精彩，老师认为他是一

个缺乏阅读兴趣的学生。然而在家中，父母却埋怨他过分迷恋阅读，简直到了如痴如醉的地步，有时一张旧报纸他也能看得津津有味。这个现象可以说明，学生对选入教材、进入课堂的文本，觉得不够精彩。也就是说，在课堂的文本阅读中，学生的阅读期待没有得到满足。其实，学期初始，新书一拿到手，很多学生就会迫不及待地阅读起来。等到课堂学习时，学生已没有了初读的新鲜感。这时，如果教师的教学内容仍是学生的已知内容，设置的问题无法引发学生更深、更广的思考，那就必然无法引发学生的阅读兴趣。久而久之，学生也就对语文的课堂学习感到乏味。

怎样消除"杰克现象"呢？这就要求语文教师在课堂上真正落实"以生为本"的教学理念。

要重视学生在文本阅读中的主体地位。文本阅读是一个多重对话的过程，对话的核心是学生，重要的是学生要自主阅读、独立思考；对话的过程是思维碰撞的过程，学生在与教师、同学的思维碰撞过程中，激发想象，形成认识；对话的目的是让学生学会阅读、学会思考。所以，给学生充分的阅读时间，引导学生静下心来认真读书——读下去，读进去，多重的对话才能真正形成，阅读文本的价值才会逐渐凸显出来。

要重视学生的独特感受和阅读体验。阅读是一个复杂的心理过程。每个学生的生活经验和个性气质不一样，阅读的心理反应也会有较大差异。阅读文本的价值，就是学生将已有经验与阅读感受结合、重构并表达出来。

教师是学生文本阅读的组织者、促进者。教师的思想文化、人生经验、审美水平要高于学生。学生毕竟是学生，囿于年龄特点和人生经历，学生的初读感受是浅显的，如果不能获得新的阅读启示，多数学生就会认为阅读乏味。保持学生的阅读兴趣，引发学生进一步阅读思考，需要教师有力的指导与促进。而"有力的指导与促进"就体现在教师能否在文本中发现"学生所未见"，而能够"见别人所未见"正是一个语文教师对文本的阐释能力的体现。因此，能否切实落实学生学习的主体地位，为提高学生的语文能力服务，教师的文本解读能力是非常关键的因素。

2. 以课程标准为本

语文课程标准是语文教学的根本。语文教材的编选、学科教学内容的确定、语文学科的评价等都是以语文课程标准为依据和重要参照的。教师应切实把握课程标准的核心内容，明确语文学科的总目标和阶段目标，清晰定位学科能力的构成，并以此为据，来指导自己的语文教学。

例如在《义务教育语文课程标准（实验稿）》中，语文课程目标是从知识与能力、过程与方法、情感态度与价值观三个方面来设计的。三者交叉融合，相互渗透。课程标准在"总目标"之下，按照1~2年级、3~4年级、5~6年级、7~9年级四个学段，分别提出学段目标和课程内容，体现语文课程的整体性和阶段性。语文教师应在"阶段目标"之下再次分解"目标"，分解为"学年目标"、"单元目标"等，由小目标的达成，螺旋上升，以期最终达成总目标。教师心中有明确的课程目标，才能为达成目标选择恰当的教学内容。

3. 遵循语文学科的特点

从语文学科的特点来看，语文学习必须注重读书，注重积累和语感培养，注重品味感受和体验，注重语言运用实践。

在此次课程改革中，读书被放在了重要的地位，并且课程标准中明确了读书的数量和具体要求。

《义务教育语文课程标准（实验稿）》在"总目标"中

要求：

具有独立阅读的能力，注重情感体验，有较丰富的积累，形成良好的语感，学会运用多种阅读方法。

九年课文阅读总量应在 400 万字以上。

《普通高中语文课程标准（实验）》也明确：发展独立阅读能力；注重个性化阅读；灵活运用多种阅读方法，提高阅读效率；课文自主文学名著（五部以上）及其他读物，总量不少于 150 万字。

千百年来的语文教学证明：读书是语文学习的第一要务。

语文教师要把指导学生多读书、读好书、会读书作为语文学科教学的重要内容。而学生"会读书"就需要教师利用课堂教学进行有效的阅读指导。

总之，语文教育要遵循母语教学的特点和学习规律。在教学中要重视培养学生良好的语言感受力和敏锐力。

（二）语文教材有效研究和使用技能的原则

1. 整体把握教材，落实课标要求

教师只有深刻理解语文教材的编写理念、编排体例、选文类型、选文内容以及选文定位后，才能整体把握语文教材。

我们以初中语文教材为例。整体把握初中教材就是要对初中阶段六册教科书有一个整体的把握。全面了解教材的结构、框架，然后把握每一册书的侧重点，再了解每个单元的内容。教材中每个单元都承担着不同的教学重点，了解了每个单元的重点，才能抓住教学的主要内容。在此基础上，教师自己要对每篇课文进行研读。

以人教版语文教材七年级上册为例。

梳理人教版语文教材七年级上册每一个单元的单元导语：

第一单元

学习这个单元，要整体把握课文内容，用心领会作者的写作意图，并联系自己的生活体验，想想人生的大问题。还要提高朗读能力，做到读音准确，停顿恰当，能初步读出语气。

第二单元

熟悉这些课文，要联系自己的人生体验，深入思索，反复咀嚼，领悟课文深长的意味，还要练习朗读，学习课文的表达技巧。

第三单元

品味诗文优美的语言是一种艺术享受。要反复朗读，在整体感知内容大意的基础上，揣摩、欣赏精彩句段和词语，并将它们摘抄下来。

第四单元

学习这个单元，要在理解课文内容的基础上，练习概括课文的内容要点，还要学习用较快速度默读课文，记住主要内容。

第五单元

学习本单元，要在整体感悟课文内容的基础上，注意语言的积累和写法的借鉴，并学习朗读和圈点勾画。

第六单元

要继续练习朗读和默读，比较长的文章，可以先默读，再朗读。默读便于快速了解它的主要内容，朗读要读准语气，并注意体会字里行间的思想感情，要调动创新思维，积极发表自己的看法。

对六个单元的单元导语进行分析、比较，我们可以明确人教版语文教材七年级上册阅读教学的要求是：

（1）整体感知，学习朗读和默读的方法。朗读要求"读出语气"—"领悟意味"—"体会情感"；默读则要求"了解课文内容"—"概括内容要点"。

（2）学习课文中的表达技巧。

（3）揣摩、欣赏精彩句段和词语。

（4）注意语言的积累和写法的借鉴。

2. 深入钻研教材，明确教学要点

通过深入钻研教材，确定每一篇文本"共性"和"个性"的教学价值。"共性"教学价值主要是由文体特点、阅读要求和生源特点等决定的；而"个性"教学价值则体现在文本解读、单元价值和教学定位等方面。

深入钻研教材，要有单元意识：明确单元提出的文体教学要求；明确单元蕴含的人文教学价值；明确篇章在单元中的教学定位；明确单元确立的三维教学目标。我们以人教版《普通高中课程标准实验教科书语文1（必修）》（以下简称必修一）第四单元的《奥斯维辛没有什么新闻》为例，来说明如何钻研教材并依据单元的教学价值来确定文本的教学目标。

高中语文人教版第四单元教材研究
——以《奥斯维辛没有什么新闻》为例

（一）了解语文必修一的编写意图

从必修一的编写说明来看，突出了以下几点：

1. 力求照顾高一学生"初始"的特点

必修一是供高中必修课起始阶段使用的，所以，在选文、撰写导语以及确定"研讨与练习"的题目上，都力求照顾高一学生"初始"的认知水平和接受能力。说到"初始"，就关乎起点问题，这个起点就是学生在义务教育阶段形成的基本语文能力。与"初始"、"起点"相对应的是"发展"的问题。高中阶段的语文课程与义务教育阶段的相比,对培养学生的语文应用能力提出了更高的要求。例如,义务教育阶段重在使学生掌握语言运用的一般规律,而高中阶段则要求学生掌握语言交际的规范,具有良好的语言文字应用能力,用相对多样的语言形式表达比较丰富的内容。义务教育阶段重在理解、感悟作品,形成良好语感,而高中阶段则强调根据学生身心发展的水平和现实需要,提高学生观察、感受、分析和批判的能力,关注学生思考问题的深度和广度。义务教育阶段关注探究的形式,学会运用探究的方法,高中阶段则重在通过对问题的探究来培养学生的探究能力,让学生在积极的语文实践中进一步获得语文能力的发展,培养学生热爱祖国语文的情感,以适应现实生活和实际发展的需要。以新闻单元为例,开明版语文八年级下册有一个单元共涉及了四道题。这是关于新闻《洞庭湖长大五分之一》的四道题:①这则新闻的标题是由哪几部分构成的?②找出这篇新闻的导语,并分析它是从哪些方面概括新闻的内容的?③从这篇新闻的主体部分找出体现"洞庭湖变大了"的有关数据。④找出这篇新闻的背景和结语。义务教育阶段新闻类文章的教学重点是了解基本的知识,以学习知识为主。高中阶段在此基础上,既注意了与义务教育阶段的衔接,又有了进一步的提高和发展。例如:《飞向太空的航程》课后的第一题是:"标题是新闻的眼睛,好的标题可以吸引读者,课文的标题就很有特色,请说说它的含义。你还见过什么好的标题?介绍给大家,并就此谈谈标题对于新闻的价值。"对于新闻的标题,义务教育阶段停留在了解标题的结构,而高中阶段则是理解、应用,理解标题的含义,并把这种理解、分析能力应用到其他地方。如"你还见过其他的好的标题吗?

介绍给大家，并就此谈谈标题对新闻的价值"。

2. 落实本套书综合性的特点

"综合性"体现在如下三个方面：

首先，体现在教学目标的综合。必修一的单元专题的确定、课文的选取、练习题的设计，均贯穿着"知识和能力"、"过程和方法"、"情感态度和价值观"三个维度的综合。以单元说明为例，基本上分三段，第一段点明本单元所选课文的题材范围，第二段说明课文内容的共同倾向和写法的共同特点，第三段指明本单元学习应该注意的问题。如果从教学目标的三个维度来看，那么，第二段侧重于表达知识、情感态度和价值观，第三段侧重于表达能力和过程方法。

例如第四单元的单元说明。第二段略述新闻的基本知识。新闻具有及时性和真实性的特点，有"消息、通讯、特写、报告文学"等形式。这些属于知识的内容。第三段概述了学习新闻应该注意的问题。"学习新闻作品，要注意新闻结构的多样性，分清新闻事实与新闻背景、客观叙述与主观评价，在此基础上，去粗取精，抓住有用信息；学习报告文学，要联系作品的时代背景，把握作者的情感倾向，学习叙事写人的技巧，培养关注社会的意识。"

其次，体现在课程内容的综合。教科书中包括语文学科本身各种要素的综合，语文学科与跨学科内容的综合，课内学习和课外学习内容的综合，以及课堂教学和实践活动的综合等。例如，《包身工》课后的第四题这样写道："包身工在旧社会处在社会底层，受尽剥削、压榨，甚至丧失了做人的尊严。现代社会这种制度已经不复存在，这是社会进步使然，但个别地方仍然有不公正对待工人的现象。如果有条件，可对现在工人的工作和生活状况做些调查，在班上交流调查信息，然后写一篇短文。"通过课内学习和课外学习的综合，既可以加深学生对《包身工》的思想内涵的理解，又可以让学生联系生活，培养探究能力和表达能力。

再次，体现过程与方法的综合。例如，"阅读鉴赏"包括三部分内容："品味与赏析"、"思考与领悟"、"沟通与应用"。其设计都充分考虑如何引发学生的学习兴趣以及对学习方法的了解、模仿与反复训练，力求让学生体验多种学习过程，运用多种学习方法，并根据自己的特点，扬长避短、各显神通，逐步形成富有个性的语文学习方式。每册书的"阅读鉴赏"安排四个单元，其中前两个单元侧重于"品味与赏析"，另外两个单元分别侧重于"思考与领悟"和"沟通与应用"。必修一第一单元就侧重"沟通与应用"。

3. 体现模块设计的特点

按高中新课程的模块设计，必修课有五个模块，每个模块均包含"阅读鉴赏"、"表达交流"、"梳理探究"、"名著导读"四部分。同时每一部分又分成若干个子系统，如"阅读鉴赏"安排了不同类型的文选，又分精读课文和略读课文；"表达交流"分成不同专题，再包括相关内容单元，从而适应教学安排的需要。例如，在必修一的"表达交流"中就有"朗诵"一节，从朗读的知识、方法、技巧等方面，较为全面地指导学生朗诵。我们在进行第一单元的学习前，便可提示学生提前阅读。

4. 努力突出过程与方法的重点

把"过程与方法"放在突出地位，并在实现多种教学目标的设计中让学生感受、体验。在阅读教学中学生对文本的原始阅读体验往往是课程生成的诱因，对于课程生成而言，学生体验的价值不在于是否"正确"，而在于能否引发学生思考的展开与深入。学习体验是学习者在学习过程中的一种需求。例如，在本册书"致同学们"的序言中，介绍"阅读鉴赏"的内容时写道："4 个单元分别是：情感与意象（现代诗歌），提要钩玄（古代叙事散文），品人与品文（记叙散文），博观约取（新闻、报告文学）。"其中"情感与意象"突出了赏析的过程与方法；"提要钩玄"重在领悟的过程与方法；"博观约取"突出了应用的过程与方法。

（二）把握本单元的教学价值

1. 本单元在必修教材中的地位

日常生活中，我们每天都会接触到大量的信息，这些信息的主要来源就是各个新闻媒体的新闻报道。阅读新闻内容有其独有的价值。新闻的阅读价值是快速地筛选主要信息，体会新闻的情感倾向，并联系自己的生活体验和知识积累，形成对新闻事件的观感、判断、评价。这无疑是现代人的一种重要能力。新闻不仅是现代人了解世界、认识世界的窗口，更是现代人认识自我、提高自我的一种媒介。作为高中学生，学一点新闻知识，了解一点新闻阅读的方法，是很有必要的。

新闻是现代社会中阅读群体最多、阅读范围最广的一种实用类文体。阅读新闻作品对我们来说有两重意义：一方面，新闻之所以为新闻，在于它是新近发生的事情，这些可能与我们的生活息息相关，为我们提供大量的有用的信息，引导我们关注当下发生的事情，去发现生活中的真善美；另一方面，当我们阅读这些新闻作品的时候，我们面对的并非正在发生的事件，因为新闻所反映的都是已经发生了的事情，它永远是过去的新闻，到了今天已经成了历史，我们可以从容地回顾那段"历史"，引发对生活的思考，吸取经验和教训。

新闻提供的信息，对不同的人来说，具有不同的价值。以

《别了，"不列颠尼亚"》为例，对于中国人来讲，它激发了爱国情感；对历史学家而言，它引发了对历史的思考；而对政治家、文学家来说，应该都会有不同的感受。对中学生来讲，就是要培养关注社会的意识。

2. 本单元的教学价值

作为高中语文教材文选的新闻类文章，是不同于我们日常阅读的新闻报道的。这些选文都是优秀的新闻作品，有些文章经过了时间的沉淀，已经成为经典名篇。这些文章符合新闻写作的要求和规范，但又不拘于这些要求和规范。其优秀不仅仅在于语言技巧，更在于思想内涵、情感态度。所以，这类作品选入教材，离开了其原有的环境，就不再是大众传播的文化快餐，而成为文化经典的精致小炒，不再需要狼吞虎咽，而是需要细嚼慢咽。

新闻类文章的阅读目标是什么？语文教学中应怎样体现这些目标？

《普通高中语文课程标准（实验）》明确表述：①养成阅读新闻的习惯，关心国内外大事及社会生活，能准确、迅速地捕捉基本信息，就所涉及的事件和观点作出自己的评判。②阅读新闻、通讯（包括特写、报告文学等）作品，了解其社会公用、体裁特点和构成要素，把握语言特色。③广泛搜集资料，根据表达需要和体裁要求，对资料进行核实、筛选、提炼，尝试新闻、通讯的写作。

新闻类文章的阅读目标主要包含这几个方面：

（1）新闻阅读习惯的养成。这种习惯的养成，是培养学生关注国计民生，提升社会、民族责任感的介质；是学生认识社会，思考人生的一个起跑线。

（2）新闻、通讯阅读的基本能力的培养。新闻类文章的文体特点决定了阅读新闻、通讯时要"能迅速、准确地捕捉基本信息"。所谓获取信息，主要不是指报道的事实信息，而是指在报道的叙述中乃至报道的背后所隐藏的信息。因此，新闻阅读的教学要点，是要分清新闻事实与新闻背景，辨析客观叙述与主观评价。

分清新闻事实与新闻背景。新闻中所用到的材料大约有三种：一是新闻事实，二是背景材料，三是作者的主观评价。在叙述新闻事件的过程中，为了多角度、多层面地深刻反映新闻事件，记者会引入一些背景材料。新闻的阅读教学中，学生对新闻事实的把握不是难点，也不是重点。但对新闻事实与背景材料的辨别应该成为教学的第一个重点。

例如《别了，"不列颠尼亚"》一则中，作者选择了英方撤离这样一个角度，写了末代港督的降旗和离开、交接仪式上的易帜、载着查尔斯王子和彭定康的"不列颠尼亚"离开。这三个典型场景的后面，都插入了背景材料。"末代港督的降旗和离开"场景后插入的是"一百多年来各任港督对港督府的改建、扩建和装修"；"交接仪式上的易帜"场景后插入了"156 年前，一个英国舰长在港岛升起了英国国旗"；"载着查尔斯王子和彭定康的'不列颠尼亚'离开"场景后插入的是"从 1841 年 1 月 26 日英国远征军第一次将米字旗插上港岛，至 1997 年 7 月 1 日五星红旗在香港升起，一共过去了 156 年 5 个月零 4 天"。背景材料的运用不仅是内容的扩充，更是思考与认识的加深，把这样的三个场面与历史的渊源连接起来，使新闻事件有了历史的纵深感，学生的阅读也就不仅仅局限于对一个新闻事件的了解和回顾，而是有了对现实与历史的理性的联系和思考。

辨析客观叙述与主观评价：新闻要求用客观的语言报道事

实。"使用具体的名词和生动的行为动词","避免滥用形容词,避免滥用大量副词修饰动词","在直接引语和转述中寻求平衡"。记者在作品中只是冷静、客观地介绍事实,用事实本身的力量去打动读者,感染读者。而在报道的过程中,作为新闻事件的参与者,或作为新闻事件的最近的旁观者,"记者"很难真正做到"事不关己"的客观。在事件的叙述中,作者通过对材料的取舍、角度的选择、背景的介绍、词语的运用等技巧的使用,表达了自己写作的目的和意图,表达自己对新闻事件的评判和审视。所以新闻阅读教学的第二个重点应该是辨析客观叙述与主观评价。

例如《奥斯维辛没有什么新闻》被称为"印象性报道"。顾名思义,"印象性报道"是记者根据自己的观察和人物访问所获得印象写出的报道。把对事实和新闻的客观报道与描述同记者的主观印象结合起来。"印象性报道"允许记者通过对事实的报道充分抒发自己的感情,写印象,写观感。学习《奥斯维辛没有什么新闻》时要辨析客观叙述与主观情感的区别。作者随游览者参观集中营时,选取这样的新闻事实:"每一个参观者都感到有一个地方对他来说特别恐怖","……毒气室和焚尸炉废墟上,雏菊花在怒放","一个参观者惊惧万分,张大了嘴巴","他们不由自主地停下脚步,浑身发抖"。这些是作者当时作为参观者的所见所感,是对客观事实的客观报道,但同时词语的选择,"惊惧万分"、"浑身发抖"、"特别恐怖"无不透露出作者的主观感受和评价。

分清新闻事实与背景材料,鉴别客观描述与主观评价,学生由对事件的直观认识,上升到对事件的理性分析、思考,进而产生自己对事件的新的阐释和评判。这应该就是新闻类文章的语文教学价值的最佳体现。

（3）新闻知识和表达技巧的学习。新闻虽然是学生日常生活中接触最多的一种文体，但一些基本的新闻知识，学生并不知道。新闻知识的学习，并不是一个简单的知识的记忆，而是通过对新闻的基本知识、基本结构、语言特点的基本了解，帮助学生阅读新闻文本。

3. 本单元教学的目标

结合新闻类文章的教学特点，我们把本单元教学的目标设置为：

第一，了解新闻事件，分析新闻事实与新闻背景，获取新闻背后所隐藏的信息。第二，鉴赏内涵深刻的语句，准确把握语句所传达的情感。第三，辨析客观叙述与主观评价，理性思考，形成自己对新闻事件的评判。

新闻教学的最终目标是：教会学生阅读新闻。新闻的阅读不同于散文、小说的阅读，学习完这个单元，要及时地归纳、梳理，帮助学生理解新闻的阅读图示，并对学生的日常新闻阅读提出建议。

（三）实施本单元教学的几点建议

1. 整合学习内容，提高学习效率

叶圣陶先生早就讲过："语文老师最要紧的是引导学生能举一反三，'一'是课文，'三'是自己阅读东西。""教是为了达到不需要教。"用教材教，还是教教材表现出两种不同的理念。语文课文是"例子"，大家普遍认可。对于教材而言，它对我们的作用主要有三个方面：言语材料、言语技巧、人文内涵。在必修课的学习中，教材内容并不完全等于教学内容，必须要整合教学内容，精选学习内容。整合、精选的条件是从学生的学习需要出发，通盘考虑，取决精讲、略讲及安排学生自学。另外，就某一篇课文而言，也需要整合内容，突出某一重点或值得借鉴的价值，大胆跳过不典型的一面，或与其他教学重复的一些内容，满足学生真正的学习需要。

就本单元来讲，学习的目的是教会学生阅读新闻。为达到这个目的，建议采用以一带二的总体设计。精讲《别了，"不列颠尼亚"》，围绕新闻的特点，体会新闻事件与背景材料的有机结合，体会作者字里行间难以抑制的爱国情感，通过这节课实现新闻类文章阅读的价值。

略讲《奥斯维辛没有什么新闻》，以自读—感受—引导—思考的方式，重在学生自己的新闻阅读实践，重在学生在精读课中学到的规律方法的有意识的运用。安排1课时。

《飞向太空的航程》则采用自学的方式，用设计的习题来检测阅读的效果。安排1课时。

报告文学《包身工》学习的目标定位有三点：①对新闻事件的了解；②新闻素材的选择和处理；③辨析客观叙述和主观评价。教学设想以问题带读的方式完成。设计几个问题；学生自读课文，解答问题；针对学生的解答，教师做适当的点拨；归纳报告文学阅读的收获。安排2课时。

2. 整体把握本单元的教学内容

新闻作品的样式很多，本单元所选的文章主要有两类：新闻特写和通讯。

新闻特写是一种以描写为主要手法，摄取新闻事实中最富有特征和表现力的片断和场面，形象地再现新闻事件和新闻人物的报道形式。它不像通讯那样要求写新闻事件发生、发展的全过程，而只是选取全过程中最富特征的一两个片断、场景来加以刻画，将它们绘声绘色地描绘出来。它所刻画的，是新闻事物的"横断面"，是"一串葡萄"中的"一个特别硕大的葡萄"，是"一串珍珠"中"一颗特别明亮的珍珠"。因此，其报道面比通讯更为集中、更为细腻。在表现方法方面，新闻特写的主要手法是描写。它采用细描为主、白描为辅的手法，对所要报道的事物、人物或景物进行精心刻画，再现新闻现场的具体情景。它当然也使用叙述，有时还采用议论手法，但这些手法毕竟处于次要地位。《别了，"不列颠尼亚"》、《奥斯维辛没有什么新闻》属于这一类。

通讯是一种采用多种表现手法详尽生动地报道新闻事物或典型人物的新闻体裁。它的特点是：

详细深入，过程完整——它不仅要把所报道的新闻事件或人物的概况、结果告诉受众，还要用生动具体的事实详细地交代新闻事物发展变化的过程，交代它的起因、发展、高潮和结局，写出其完整的过程，使受众明了新闻事件到底是怎样发生的，事件发生、发展的详细过程是怎样的。

生动形象、具体感人——通讯对新闻事物或人物的反映，不能仅仅停留在结论上，而要以形象化的事实、情节化的描述来具体反映事实，绘声绘色地描绘出所报道的新闻事实的详细运动状态和人物活动的经过，给受众以形象感。

议论抒情并用，感情充沛——通讯不仅要记叙事实，写出新闻事件的基本情况和经过，还要通过议论、抒情等手法，直接抒发作者的主观感受，表明作者的立场和爱憎，从而比消息更有感情色彩、更有理论性。《飞向太空的航程》属于此类。

本单元只有一篇报告文学。报告文学属于边缘文体，它脱胎于新闻，又具有一定的文学性，是新闻性与文学性的高度融合。主要有三个特点：一是真实性，二是文学笔法，三是作家的主观参与性。真实性是报告文学的生命，它必须严格地忠于历史、忠于事实。虽然学术界对这一问题有很多争议，但大多数人还是把它作为报告文学最主要的特征。当然，真实性是相对的，它并不是刻板地反映生活，而是在一些细节上，允许作者进行一定程度的虚构与加工。从形式上看，报告文学也常常借鉴其他文学作品的艺术手法，比如小说刻画人物的方法、戏剧的结构艺术、散文对于叙述语言的提炼、诗歌简洁而又富有情感的语言等，甚至意识流、时空转换等表现手法，都在报告文学中得到了运用。另外，报告文学本身允许作者将生动的人物描写和热情赞美、抒情性议论、尖锐的批评融为一体，作者在其中可以充分表达自己的情感，表达自己对人、对事的是非曲直、扬抑藏否的看法。

学习本单元，了解一些新闻和报告文学的文体特征，对于学生的学习是很有帮助的。

（1）新闻作品的比较阅读和分层指导。

用比较的方法感受作品的不同和相同，用分层指导的方法使学习的目标更具针对性。

教学设想建议：《别了，"不列颠尼亚"》、《奥斯维辛没有什么新闻》为一组：重点体会作品的新闻性特点。《飞向太空的航程》、《包身工》为一组：重点体会作品的文学性特点。第一组2课时，第二组2课时，活动课1课时。

此外，针对不同层次的学生，新闻作品的学习在目标达成和内容拓展上也要有层次之分。

①在教学目标的达成上有层次之分。

程度较弱的学校：了解新闻事件，分析新闻事实与新闻背景，获取新闻背后所隐藏的信息。

程度中等的学校：了解新闻事件，分析新闻事实与新闻背景，获取新闻背后所隐藏的信息，鉴赏内涵深刻的语句，把握语句所传达的情感。

程度好些的学校：了解新闻事件，分析新闻事实与新闻背景，获取新闻背后所隐藏的信息，鉴赏内涵深刻的语句，把握语句所传达的情感。辨析客观叙述与主观评价，理性思考，形成自己对新闻事件的评判。开展"我喜欢的一篇新闻"的活动。

②在内容拓展上有别。

主要是课外阅读量的差别，程度好的学校或学生可增加课外的阅读量。

（2）在新闻的教学中，情感态度、价值观的落实。

新闻强调真实，反映的都是客观事实，容不得半点虚构；但新闻作品总难免带有记者的主观色彩，《别了，"不列颠尼亚"》中，香港回归、祖国强大的民族自豪感；《奥斯维辛没有什么新闻》中，"历史不要重演"的强烈的社会责任感；《包身工》中，作者的愤怒、控诉；《飞向太空的航程》中，作者的感动、自豪。阅读新闻作品，有助于培养学生关注社会、关心时事的意识和发现真善美、揭露假恶丑的社会良知，增强社会责任感。

（3）本单元教学时数：5课时。

《别了，"不列颠尼亚"》1课时

《奥斯维辛没有什么新闻》1课时

《飞向太空的航程》1课时

《包身工》2课时

3. 二度开发教材，调整课程内容

第一，对"阅读鉴赏"的补充开发。

目的：教材提供了内容，但缺乏相应要求。

举例：必修一第一单元《沁园春·长沙》

毛泽东既是一位伟大的政治家，又是一位有着鲜明个性和独特风格的诗人、书法家。课外欣赏毛泽东的诗词和书法作品，并与同学交流心得。

补充材料：

已是悬崖百丈冰，犹有花枝俏。(《卜算子·咏梅》)

萧瑟秋风今又是，换了人间。(《浪淘沙·北戴河》)

早已森严壁垒，更加众志成城。(《西江月·井冈山》)

人生易老天难老，岁岁重阳。今又重阳，战地黄花分外香。(《采桑子·重阳》)

东方欲晓，莫道君行早。踏遍青山人未老，风景这边独好。(《清平乐·会昌》)

雄关漫道真如铁，而今迈步从头越。(《忆秦娥·娄山关》)

红军不怕远征难，万水千山只等闲。(《七律 长征》)

横空出世，莽昆仑，阅尽人间春色。(《念奴娇·昆仑》)

谁敢横刀立马，唯我彭大将军。(《给彭德怀同志》)

第二，对"表达交流"的整合开发。

目的：

一是解决写作训练任务重和课时有限之间的矛盾。

二是解决写作专题要求较高和学生实际写作水平参差不齐之间的矛盾。

三是解决写作专题训练目的相对单一和写作能力综合显现之间的矛盾。

4. 充分利用教材，开发学生资源

第一，教材在"研讨与练习"中有指导学生采用一定学习方式完成学习任务的练习题，利用这样的练习题，开发学生的学习资源。

举例：必修一第三单元《记梁任公先生的一次演讲》

本文对一次演讲中的梁启超做了精彩生动的描写。请找出这些描写的语句，仿照示例作些旁注，与同学讨论：这些精彩生动的描写表现了梁启超怎样的性格、气质和修养?

教学中可以用"旁批"的形式指导学生阅读。

第二，教材在"阅读鉴赏"的"研讨与练习"中、在"梳理探究"的"课外延伸"中、在"名著导读"的"思考与探究"中，都有让学生做探究性学习的问题设计，可以利用这样的练习设计，尝试开发学生的学习资源。

举例：必修二"名著导读"《家》。

《家》曾经是过去几代青年非常喜欢的畅销书，你能理解前辈读者喜欢这类作品的原因吗？和当今许多流行小说比较，巴金的作品有哪些不同？让学生探究《家》在巴金作品中的地位。比较当代描写家庭婚姻的作家与巴金的区别。

教师在教学中要引发学生的思考。

第三，教材在不同板块中均有要求学生联系个人生活经历和社会生活实际，来加深对所学内容的理解的练习。

举例：必修一第一单元《大堰河——我的保姆》

思考：生活中不乏像大堰河这样勤劳善良而又命运悲苦的社会底层劳动者。请你去观察生活，搜集有关素材，写成一首诗或一篇短文。

第四，教材几乎在每一课的"研讨与练习"中都设计了一道以活动形式出现的让学生独立或合作完成的练习题目。

举例：必修二第四单元《就任北京大学校长之演说》

北京大学是中国最早的现代意义上的大学。你了解它的历史以及蔡元培的办学方针吗？课外收集有关资料，并与同学合作，以"我所了解的北大"为主题，办一期墙报。

必修二第二单元《古都的秋》

你还读过哪些描写秋天的诗文？你最喜欢其中的哪一篇？向同学介绍这些诗文，并就你最喜欢的诗文做简要的赏析。

二、语文教材有效研究和使用技能的内容、方式与说明

如何落实与丰富语文教材有效研究和使用技能的理念与原则，把有效研究和使用的思路进一步明确具体，这就需要掌握和运用有效研究和使用的主要技能，本书就是根据上述理念、原则来确立语文教材有效研究和使用技能的内容和方式。

（一）语文教材有效研究和使用技能的内容

《普通高中语文课程标准（实验）》把阅读文本分成论述类文本、实用类文本、文学类文本等形式，本书就参照课标分类，依据一线教学要求，把语文教材有效研究和使用技能的内容设定为五个单元。

第一单元：文学类文本之散文的有效研究与使用技能训练的内容。

散文是一种个性化的文言样式，带有强烈的主观色彩，作者的情感不是直露的，而是含蓄地蕴含在写景、状物、叙事之中。而且，散文是写实的，社会发展、时代变化都会影响作者的情感、心态，所以，散文阅读要关注客观景与主观情的统一，即"情景交融"。

散文是语言的艺术，作者深沉的情思、文章优美的意境都

是通过语言表现出来的。散文阅读要"披文入情",一方面通过解读语言文字来感知作品中呈现的"物象",进而感受作者的思想情感。另一方面要尽可能多地了解作者的创作背景、个人经历,更进一步地领会作品蕴含的意义。

第二单元:文学类文本之诗歌的有效研究与使用技能训练的内容。

诗歌是通过有节奏、韵律的语言,艺术地反映生活、抒发情感。旧体诗在节奏、韵律方面有严格要求。尤其是唐代以后的诗词,在字数、平仄、对仗、用典、韵脚等方面皆有严格的规定。现代诗虽然在韵律上没有旧体诗严格,但节奏鲜明仍然是基本的文体特点。

诗歌的意象是构成优美诗篇的基础。"意"是指诗人的主观情感,"象"指诗人感受到的客观形象,"意象"即融入了诗人情思的形象。众多意象构成意境,意境熔铸了诗人成熟的思想、独特的个性、美学理想和艺术感受等多方面的内容,有意境的诗歌往往情深意远,耐人寻味。

第三单元:文学类文本之小说的有效研究与使用技能训练的内容。

小说是叙事艺术,叙述、场景、主题、人物、情节、情感等构成了小说的基本要素。

鉴赏小说要通过情节、环境和人物的关系,把握人物性格的多样性和丰富性,鉴赏人物形象。要整体把握作者的创作意图,理解小说主题,并体味不同作者的不同语言风格,鉴赏小说语言。

第四单元:实用类文本的有效研究与使用技能训练的内容。

第五单元:论述类文本的有效研究与使用技能训练的

内容。

（二）语文教材有效研究和使用技能的方式

语文教材有效研究和使用技能主要采用以下方式：

教材分析训练。围绕训练技能，对典型篇目进行分析，以试题的形式进行评价、检测。

教学案例点评。对具体的优秀案例进行点评，领会其设计思路，评价其优劣。

教材文本分析。在案例点评的基础上，独立完成一篇教材文本的解读。

教学案例设计。在点评的基础上，独立完成一篇教学设计。

（三）语文教材有效研究和使用技能的说明

第一单元是文学类文本中的散文研究，第二单元是文学类文本中的诗歌研究，第三单元是文学类文本中的小说研究，第四单元实用类文本选择新闻单元作为典型案例进行研究；第五单元论述类文本以社科文为例进行研究。

每一个单元包括三项内容：

其一，训练导言。

从教学要求、教材的整体把握、考查形式三个角度对文类特征、教材研究和检测要求进行梳理和明确。

其二，案例分析。

提供优秀案例，并进行比较、分析、说明。

其三，技能训练。

以试题的形式，对经典文本进行教材研究和使用，从训练提示、训练材料、训练思路、训练拓展四个角度提供教材研究和使用的明确思路。

第一单元

文学类文本之散文的有效研究与使用技能训练

　　《普通高中语文课程标准（实验）》对文学类文本的能力要求是："阅读鉴赏中外文学作品。了解小说、散文、诗歌、戏剧等文学体裁的基本特征及主要表现手法。文学作品的阅读鉴赏，注重审美体验。感受形象，品味语言，领悟内涵，分析艺术表现力；理解作品反映的社会生活和情感世界，探索作品蕴含的民族心理和人文精神。"

　　在《新课程标准语文科高考考试大纲》中文学类文本阅读考查的内容涉及中外文学作品以及文学作品的所有体裁。能力考查主要在三个层级：

　　（1）分析综合，属于 C 级，具体的能力要求：①分析作品结构，概括作品主题；②分析作品体裁的基本特征和主要表现手法。

　　（2）鉴赏评价，属于 D 级，具体的能力要求：①体会重要语句的丰富含意，品味精彩的语言表达艺术；②欣赏作品的形象，赏析作品的内涵，领悟作品的艺术魅力；③对作品表现出来的价值判断和审美取向作出评价。

　　（3）探究，属于 F 级，具体能力要求：①从不同的角度和层面发掘作品蕴含的民族心理和人文精神；②探讨作者的创作背景和创作意图；③对作品进行个性化阅读和有创意的解读。

【训练导言】

一、散文的教学要求

义务教育阶段并没有关于"散文教学"的明确要求。依据散文的文体特征和《义务教育语文课程标准（2011 年版)》中的有关教学要求，初中散文教学的基本目标列举如下：

1. 能用普通话正确、流利、有感情地朗读散文类文章。

2. 养成默读习惯，有一定的速度，阅读散文每分钟不少于500 字。

3. 能较熟练地运用略读和浏览的方法阅读散文。

4. 在通读课文的基础上，理清思路，理解主要内容，体味和推敲重要词句在语言环境中的意义和作用。

5. 对课文的内容和表达有自己的心得，能提出自己的看法和疑问，并能运用合作的方式，共同探讨疑难问题。

6. 在散文阅读中，根据文章的特点，了解叙述、描写、说明、议论、抒情等表达方式。

7. 能够区分文章是写实作品还是虚构作品。

8. 欣赏散文，能有自己的情感体验，初步领悟作品的内涵，从中获得对自然、社会、人生的有益启示。对作品的思想感情倾向，能联系文化背景作出自己的评价；对作品中感人的情境和形象，能说出自己的体验；品味作品中富于表现力的语言。

高考试卷中考查学生现代文阅读能力的阅读文本多以散文为主。散文已经成为中学语文教学，尤其是高中语文教学中培养学生阅读能力的主要载体。梳理《普通高中语文课程标准（实验）》中的必修阶段目标与选修阶段目标，均有散文教学的相关表述：

必修阶段：

1. 注重个性化的阅读，充分调动自己的生活经验和知识积累，在主动积极的思维和情感活动中，获得独特的感受和体验。学习探究性阅读和创造性阅读，发展想象能力、思辨能力和批判能力。

2. 根据不同的阅读目的，针对不同的阅读材料，灵活运用精读、略读、浏览、速读等阅读方法，提高阅读效率。

3. 能用普通话流畅地朗读，恰当地表达出文本的思想感情和自己的阅读感受。

4. 学习鉴赏中外文学作品，具有积极的鉴赏态度，注重审美体验，陶冶性情，涵养心灵。能感受形象，品味语言，领悟作品的丰富内涵，体会其艺术表现力，有自己的情感体验和思考。努力探索作品中蕴含的民族心理和时代精神，了解人类丰富的社会生活和情感世界。

5. 在阅读鉴赏中，了解散文的基本特征及主要表现手法。了解作品所涉及的有关背景材料，用于分析和理解作品。

选修阶段：

1. 培养鉴赏散文作品的浓厚兴趣，丰富自己的情感世界，养成健康高尚的审美情趣，提高文学修养。

2. 阅读古今中外优秀的散文作品，理解作品的思想内涵，探索作品的丰富意蕴，领悟作品的艺术魅力。用历史的眼光和现代的观念审视古代诗文的思想内容，并给予恰当的评价。

3. 学习鉴赏散文的基本方法，初步把握中外诗歌、散文各自的艺术特性，注意从不同角度和层面发现作品的意蕴，不断获得新的阅读体验。

【提示】

散文教学目标中首先是一般文章的阅读要求：理清思路，理解内容，体味情感。其次是散文的文体要求：通过品评语言，领悟作品的丰富内涵，体会其艺术表现力，表达自己的情感体验和思考。

二、教材中"散文"的整体把握

以人教社高中必修教材为例，对散文文体进行整体把握。必修教材中散文共有两个单元：必修一的第三单元和必修二的第一单元。

对教材中散文单元的教学要求进行梳理：

必修一第三单元的教学要求是：阅读这些文章，要透过对人与事的描写，仔细揣摩人物的言行、心理，体察人物的个性、情操，看作者如何在人物描写中体现对人物品行的评价，如何在文字中表现或隐或显的情感倾向。要注意文章中哪些地方最能触动你的心灵，哪些地方让你过目不忘，想想这是为什么。这很可能就是作品的"亮点"，不妨加以圈点批注，认真揣摩。

必修二第一单元的教学要求是：阅读这一类写景抒情的散文，要展开想象的翅膀，力求身临其境，感受作者心灵的搏动，体会作品所描述的美景，由此进入一种审美境界。对文中精彩的语句，不妨做一些圈点批注，写下你的心得，对那些美妙的段落，要反复朗读，熟读成诵，逐步增强对散文的鉴赏能力。

比较两个单元的教学要求，我们发现细节、情感、语言是我们阅读散文时应把握的关键词语。

【提示】

散文阅读难在形式的多样庞杂——选材的丰富、组材的灵活、手法的多样、修辞的含蓄、人称的变化，但"形式"永远为"内容"服务，所以要分清"形"和"神"的关系。

形，指散文外在的形式，包括选材、组材、表现手法、修辞手法、表达方式、语言风格等。神，指蕴含于"形"中的思想情感、内容主旨——情、理、志等。

阅读散文，要知道写什么——寻找"情物"；为什么写——体悟"情意"；怎样写——鉴赏"情语"。

三、散文的考查形式

高考试题中散文阅读题以选择题、简答题、填空题、读写结合题四种题型为主。不同的题型，在考查不同知识、能力及层次上有不同的功能。

选择题，既有对语句的理解、文章结构思路的分析、主旨的把握，也有对文学作品形象与写作手法、表达效果、艺术特点的赏析评价的考查。"考查内容容量大、涉及面广、思维难度较大。"此类题型要求考生在整体把握文本的基础上，对所给选项作出正确与否的判断。

例如：2013 年【北京卷】

17. 下列对文章内容的理解，不正确的两项是（　　）
（　　）

A. 饮食在作者关于故乡的感性中占有重要地位，根源于作者无法追怀的童年。

B. 作者书写的是对故乡的追忆和游历，感物寄兴，表达了对浙江性格的体悟。

C. 作者插叙初次游览杭州的经过，揭示了这座城市日常生活中的传统特征。

D. "水"既是浙江灵秀风景的精髓，也是本文组织结构展开叙述的核心线索。

E. 文章勾勒出一幅融汇了自然山水、风土人情、历史传承等因素的江南图景。

【答案】A 选项属于过度推测的无中生有，文中没有证据表明饮食"占有重要地位"，更没有证据表示"根源于作者无法追怀的童年"。

C 选项中的"插叙"知识点，在西城一模的《大地清明》中已经有所涉及，本题中是正确的。

D 选项中，"水"的确是浙江风景的精髓，但并非"本文组织结构展开叙述的核心线索"。"水"只能算作是前半部分"绍兴与鲁迅"的核心线索，后半部分回到杭州，虽然末尾也提到了水，但描写日常生活时并不是以水为线索。

填空题与选择题同属客观性试题，具备客观性试题的所有特点，即题目短小精悍，考查目标集中、明确，答案唯一正确，答卷方式简便，评分客观公正等。

例如：2013 年【上海卷】

7. 第③段中，作者感到"心满意足"的原因是＿＿＿＿＿
＿＿＿＿。

【答案】惠特曼急切的迎接、亲切的称呼，那份热情真诚让"我"感到放松和愉悦。

简答题考查内容与能力比较全面，而且可以对不同层级的能力进行考查。

例如：2013 年【广东卷】

17. 结合文意，分析"我"骑马后所认识到的"马性"。

_____

【答案】善于配合、清高斯文—稳重、聪明、善解人意—坚忍。

读写结合题的主要功能是考查"评价反思能力"，考查的是比较高级的能力层级。评价主要是对文本内容、特色，对作者的观点等从多维的视角进行反思、阐发、评价。读者需要有深入解读文本能力，对作者的观点也要进行深刻的理解，然后对作者的观点能够进行分析、评价，进而提出自己的看法、发表自己的见解，这又需要分析问题的能力，最后还要有表达能力。这类题目的特点是以阅读为基础，一般要求对文章的深刻寓意，作者的情感态度、观点，写作上比较突出的艺术特色进行评价分析。题干中常要求考生对文章主题思想、结构艺术和意蕴等，选择一个方面，结合全文，陈述观点并作分析或表达见解、看法，谈谈感悟等。

例如：2013 年【北京卷】

20. 有评论者曾用"一切景语皆情语"来概括本文带给读者的艺术感受，请谈谈你对"一切景语皆情语"的理解，并

结合本文具体阐述。(不少于200字)

【答案】"一切景语皆情语"是艺术手法中"情景关系"中常常提到的术语,一般会在诗歌鉴赏中进行考查,这次放到了现代文阅读的阅读延伸题中,并且题干并没有如往常一样"结合阅读经验或生活经验",而是要求结合本文,可以说算是比较简单的考查形式了。

答题时可以先对"一切景语皆情语"的概念作简要介绍,并用一些耳熟能详的情景交融的诗词作证,再从文章中找一两个情景交融的细节进行分析就可以了。

【提示】

散文的命题角度主要集中体现在:

(1)理解文章的主旨及作者的观点态度。

(2)理解文中重要词句的含义。

(3)鉴赏作品的语言和表达技巧。

(4)筛选并整合文章的信息。

(5)表达个性化的体验与感悟等。

【案例分析】

一、观察案例《背影》

《背影》教学设计

一、教学目标

1. 能够概括文章内容，并梳理文章的叙事线索。

2. 体会文章蕴含的作者情感。

二、教学步骤

1. 导入新课，判断课文的文体类型。

2. 初读课文，说说文章写了什么事。

3. 再读课文，梳理文章思路，辨析文章线索。

思考一：独立阅读课文，仿照①的短语，概括另外三件事。

①徐州奔丧　②_____　③_____　④_____

思考二：叙述这四件事时，作者都描写了哪些生活细节？这些细节中，哪一个是文章的叙事线索？

4. 三读文章，说说其中蕴含的作者情感。

思考并讨论：

（1）找出能传达作者情感的句子，思考作者想传达的情感是什么？

（2）作者是如何描写、刻画父亲买橘子的背影的？哪些词语给你留下的印象最深？在具体描写中，你体会出作者怎样的情感？

二、案例评析

（1）导入环节，判断文体类型的依据是什么？

（2）教学步骤中主要完成的教学任务是什么？

（3）你认为本节课的教学重点是什么？说明理由。

（4）请你补充拓展阅读这个环节，你会把什么课外读物作为这节课的拓展阅读材料？

【技能训练】

一、训练目标

（1）明确散文文本有效研究与使用技能的基本要求。

（2）掌握散文文本有效研究与使用技能的基本策略。

（3）完成散文文本有效研究与使用技能的检测。

二、训练材料

课内：《记念刘和珍君》、《小狗包弟》、《荷塘月色》、《背影》、《故都的秋》，课外：《时间怎样地行走》、《春声和春深》

三、训练任务

（一）明确散文文本有效研究与使用技能的基本要求

散文选材丰富，或写人记事，或叙事言理，或托物言志，或写景抒情。但无论多么"庞杂"，其基本思路是由形象到抽象，由"象"到"理"，所以思路的梳理与提炼、形象的理解与把握、语言的品味与分析、情感的感受与思考是散文教学的基本要求。

（二）掌握散文文本有效研究与使用技能的基本策略

1. 技能要求——梳理结构，理清思路

★训练提示

梳理文章的结构；把握作者的思路

★训练材料

课内：《记念刘和珍君》、《小狗包弟》，课外：《时间怎样地行走》

★训练思路

训练一：

材料《记念刘和珍君》

（1）给课文每一部分拟一个小标题，并填写在下面的横线上。

①写作缘起，纪念死者。

②＿＿＿＿＿＿＿＿。

③＿＿＿＿＿＿＿＿。

④＿＿＿＿＿＿＿＿。

⑤＿＿＿＿＿＿＿＿。

⑥＿＿＿＿＿＿＿＿。

⑦＿＿＿＿＿＿＿＿。

（2）合并归纳内容相近的段落，明确思路。

第一层次（第一、二部分）：表明写作目的。

第二层次（　　　　）：追忆＿＿＿＿＿＿＿＿＿＿ 。

第三层次（　　　　）：议论＿＿＿＿＿＿＿＿＿＿ 。

（3）作者一方面说"我也早觉得有写一些东西的必要了"，另一方面又说"可是我实在无话可说"，类似的话还有一些，请找出来，填在下表中，结合全文认真体会，可以看出作者怎样的感情发展脉络？

	相关语句	感情发展脉络
第一部分	我也早觉得有写一些东西的必要了	悼念遇害者刘和珍，表达作者最大的哀痛和尊敬
第二部分		
第三部分		
第四部分		面对惨案过后的沉默无声的社会现实，作者发出这样的感慨，表达作者的愤懑之情
第五部分	但是，我还有要说的话	
第六部分		
第七部分		

（4）贯穿全文的作者感情线索可以概括为什么？感情发展脉络是怎样的？

_____

_____

训练二：

材料《小狗包弟》

（1）整体感知《小狗包弟》，梳理文章结构，思考并填空。

这是一篇叙事散文，故事有开端（包弟来历）—发展（　　　　　　）—结局（　　　　　　）—尾声（　　　　　　）。

（2）作者对小狗包弟的情感态度有什么变化？

艺术家与狗的故事（悲伤）—与包弟亲密接触（　　　）—

不知如何安排包弟（　　）—送走了包弟（　　）—送走之后心不得安（　　）—至今心不得安（　　）。

【提示】

如何梳理结构，把握思路：

先依据关键句和信息筛选的方法领会每一个自然段的大意。

根据段落内容的紧密程度，合并同类项，把意思相同的合并为一段。

根据层意中反复出现的词语和句子梳理作者的思路。

关注过渡段，可以帮助我们理解作者思路的主脉。

关注文章题目与内容的关系，题目或是文章的线索，或是文章内容的提示。

★训练拓展

时间怎样地行走

迟子建

墙上的挂钟，曾是我童年最爱看的一道风景。我对它有一种说不出的崇拜，因为它掌握着时间，我们的作息似乎都受着它的支配。到了指定的时间，我们得起床上学，得做课间操，得被父母吆喝着去睡觉。虽然说有的时候我们还没睡够不想起床，在户外的月光下还没有戏耍够不想回屋睡觉，都必须因为时间的关系而听从父母的吩咐。他们理直气壮呵斥我们的话与挂钟息息相关："都几点了，还不起床！"要么就是："都几点了，还在外面疯玩，快睡觉去！"这时候，我觉得挂钟就是一个拿着烟袋磕着我们脑门的狠心的老头，又凶又倔，真想把它给掀翻在地，让它永远不能再行走。在我的想象中，它就是一个看不见形影的家长，严厉而又古板。但有时候它也是温情的，在除夕夜里，它的每一声脚步都给我们带来快乐，我们可以在子时钟声敲响后得到梦寐以求的压岁钱，想着用这钱可以买糖果来甜甜自己的嘴，真想在雪地上畅快地打几个滚。

我那时天真地以为时间是被一双神秘的大手放在挂钟里的。它每时每刻地行走着，走得不慌不忙，气定神凝，不会因为贪恋窗外鸟语花香的美景而放慢脚步，也不会因为北风肆虐大雪纷飞而加快脚步。它的脚，是世界上最能禁得起诱惑的脚，从来都是循着固定的轨迹行走。我喜欢听它前行的声音总是一个节奏，好像一首温馨的摇篮曲。时间在挂钟里，与我们一同经历着风霜雨雪、潮涨潮落。

我上初中以后，手表就比较普及了。我看见时间躲在一个小小的圆盘里，在手腕上跳舞。它跳得静悄悄的，不像墙上的挂钟那么清脆悦耳，"嘀嗒——嘀嗒——"的声音不绝于耳。手表里的时间给我一种鬼鬼祟祟的感觉，少了几分气势和威严，所以明明到了上课时间，我还会磨蹭一两分钟再进教室，手表里的时间也就因此显得有些落寞。

后来，生活变得丰富多彩了，时间栖身的地方就多了。项链坠可以隐藏着时间，台历上镶嵌着时间，玩具里放置着时间，至于电脑和手提电话，只要我们一打开它们，率先映入眼帘的就有时间。时间如繁星一样到处闪烁着，它越来越多，也就越来越显得匆匆了。

十几年前的一天，我在北京第一次发现了时间的痕迹。我在梳头时发现一根白发，它在清晨的曙光中像一道明丽的雪线一样刺痛了我的眼睛。我知道时间其实一直悄悄地躲在我的头发里行走，只不过它这一次露出了痕迹而已。我还看见，时间在母亲的口腔里行走，她的牙齿脱落得越来越多。我明白时间让花朵绽放的时候，也会让人的眼角绽放出花朵——鱼尾纹。

时间让一棵青春的小树越来越枝繁叶茂，让车轮的辐条越来越沾染上锈链，让一座老屋逐渐驼了背。时间好似变戏法的魔术师，突然让一个活生生的人瞬间消失在他们辛勤劳作过的土地上，我的祖父、外祖父和父亲，就让时间给无声地接走了，再也看不到他们的脚印，只能在清冷的梦中见到他们依稀的身影。他们不在了，可时间还在，它总是持之以恒激情澎湃地行走着——在我们看不到的角落，在我们不经意走过的地方，在日月星辰中，在梦中。

我终于明白挂钟上的时间和手表里的时间只是时间的一个表象而已，它存在于更丰富的日常生活中。只要我们在行走，时间就会行走。我们和时间如同一对伴侣，相依相偎着，不朽的它会在我们不知不觉间，引领着我们一直走到地老天荒。

（1）文章《时间怎样地行走》是怎样围绕人的成长与对时间的感受来展开的，请梳理作者的思路。

小时候崇拜挂钟，认为时间受它支配

初中时_____，后来_____

十几年前发现_____

现在明白应该和时间一起走，过充实的人生

文章以人生过程为线，贯穿对_____的不同感悟。

2. 技能要求——品味意境，领会情感

★训练提示

品味作品的意境，领会作者表达的思想情感

★训练材料

课内：《荷塘月色》、《故都的秋》，课外：《春声和春深》

品味意境

训练一：

材料《荷塘月色》

（1）概括每一段的段意，梳理思路。

第一部分（第 1 段）写"观荷缘起"（　　　）

第二部分（第＿＿＿＿＿段）写"＿＿＿＿＿＿＿＿"（景）

第三部分（第＿＿＿＿＿段）写"＿＿＿＿＿＿＿＿"（　　　）

（2）作者是如何从多角度来描摹荷塘，表达意境的？

＿＿＿＿＿＿＿＿＿＿＿＿＿＿＿＿＿＿＿＿＿＿＿＿＿＿＿＿＿

＿＿＿＿＿＿＿＿＿＿＿＿＿＿＿＿＿＿＿＿＿＿＿＿＿＿＿＿＿

（3）首句"这几天心里颇不宁静"，起笔这样写的目的是什么？

＿＿＿＿＿＿＿＿＿＿＿＿＿＿＿＿＿＿＿＿＿＿＿＿＿＿＿＿＿

＿＿＿＿＿＿＿＿＿＿＿＿＿＿＿＿＿＿＿＿＿＿＿＿＿＿＿＿＿

（4）找出文章中直接抒情的句子，体会作者的情感变化。

抒情句子	情感的变化
这几天心里颇不宁静！	不宁静

训练二：

材料《故都的秋》

阅读文章开头第一段：

"秋天,无论在什么地方的秋天,总是好的;可是啊,北国的秋,却特别地来得清,来得静,来得悲凉。我的不远千里,要从杭州赶上青岛,更要从青岛赶上北平来的理由,也不过想饱尝一尝这'秋',这故都的秋味。"

思考:

(1) 文章开头部分说"从青岛到北平来的理由就是要饱尝这故都的秋味"。"秋味"是什么?

_____

(2)"故都的秋味"可用文中哪些词说明?

_____

(3) 怎么理解"北国的秋,却特别地来得清,来得静,来得悲凉"?

_____
_____

阅读文章其他部分:

思考:

(4) 哪些景物体现了"清、静、悲凉"的感情,这些景物各具怎样的特点?

_____
_____

领会情感

(1) 故都秋的景物是丰富多彩的,如香山的红叶、游人如织的颐和园,作者为何只选取了这几处景物来写呢?

_____

（2）从哪些句段中，你感觉、体察到了作者所谓的"悲凉"？联系作者的经历，谈谈你的理解。

_____

_____

【提示】

品味作者的情感时，不仅要通过解读语言文字来感知作品中所描写的景物、意象，进而感受作者的思想感情，还要多了解作者所处的时代、作者的生活经历等写作背景，从而更深层次地把握作者蕴含在文章中的情感。

★训练拓展

春声和春深

我写过北国的春风。记述在冰雪沉睡的山沟里，忽然一夜间，呼啸咆哮，"咔咔"折枝，"砰砰"冰裂，沙石扑窗如机枪扫射，木头梁、柱、椽、檩"格拉格拉"如山神大虫冬眠初醒，伸腰伸腿，骨节作响……天亮起来一看，冰雪依旧，只是趴下来点贴近地皮。

春风告退。忽又从千里外，从沙漠，从戈壁起跑，跨栏一般生猛，跨越崇山峻岭，踢蹬起黄沙黄土，高天朦胧，太阳淡化……这样一而再三，麦苗才吐青，冰雪也还在角落里、背阴里、洼里坎里龇着白牙。

我服了。后来也爱了。说到爱，我又是江南水乡出身，那里的春风叫历代诗人写完了，不用也不能再写了，"春风又绿江南岸"的"绿"字，"池塘生春草"的"生"字，"吹皱一池春水"的"吹皱"二字，都是千古赞为绝活，咱还啰唆什么呢，本来在针也插不下去的地方，只有做做翻案文章，弄得巧时还有立锥之地。这些绝活早已铁案如山，咱们不抱没缝的蛋也罢。这是做诗做文章的话。说到爱，却又是一番天地。"随风潜入夜，润物细无声"，是极好的诗句，不过我不爱。"随"字好，江南水乡的春风和春雨，是紧相随的，"潜"字好，"润"字好，"细"字更好，风也细雨也细。但"无声"二字惹翻了我的爱心。

我久居北国，有个弟弟久居北大荒。我们壮年时都不大思乡，俨然四海为家了。有回我问他，有没有偶然心动，念及家乡的时候？他思索。

我追问好比说一刹那？我这里有过一刹那来去如闪电，闪电就够了，不必比做晴天霹雳。他说有。有时候炕上睡醒，不知身在何处，忽听屋顶"瓦背"阵雨扫过——沙、沙、沙……江南绝无炕，北大荒没有"瓦背"，有雨也不会"沙、沙、沙"。那是江南的春风春雨了，你说你没有思乡，那是故乡思念你了。你这个游子不但不知身在何处，还不知道童年永不离身。我劝弟弟写诗吧，他一笑，无意于此。人到老时，血管会硬化，脑子却又会软化，弄得可笑。盖世英雄，也难免小丑般收场。落叶归根之思，我又以为那是软硬兼施的东西。若论固执劲儿，只怕是软硬不吃。

我耳朵里不大出现弟弟的"沙沙"声，现在耳朵到了春天，到了雨天，到了黑天，都少不了"苏苏苏"。江岸"绿"，是苏苏"绿"的。春草"生"时，春风"吹皱"时，"随"时"潜"时"润"时，都必定苏苏作响。"润物细无声"，"无声"两字不能接受。好好听吧，幼苗拔节，童年拔长，那也是苏苏响着拔上来的。老来硬化或软化的时候，耳朵里苏苏不绝，那是春的回声。那是故乡故土的呼叫。

这是春声。

北京俗话说："春脖子短"。意思还是"春短"，中间加个"脖子"，妙！杨树刚上叶子，柳树刚吐絮，桃花"暄"，杏花"旧"，都才看见就暴热起来了。头连肩膀，无所谓脖子的德性，可以是极壮健的人如拳击勇士，也可以是缩头缩脑如武大郎者。不过有那猛烈的春风在，漫天的黄沙在，就算做勇士形象吧。但也不无可惜，不无可笑。春天就这样勇了，夏日炎炎怎么处，冰冻三尺的寒冬又怎么称呼。

我问久居北大荒的弟弟，江南老家的春天怎么样？他立刻回答很长，长到过不完的样子。亏他说得出来，只一个长字。故乡的遥远，童年的朦胧，春天的深沉，无意过筛过箩却过了，无心淘洗也梦游一般澄清提纯了。只落下一个字：长。我疑心这一长字是思乡的单相思，不一定实际。写信去问一位蛰居家乡的小伙伴，他一生困顿，现在是混得最好的时候，在乡下做机修生活。回信来了，说只觉得做生活手冷，快点热起来好。可见实际长还是长的。手冷希望快点热起来，那是一个老手艺人的话。

少年时候我们没有这种想法，那手总是热的。"大地春如海，男儿国是家，龙灯花鼓夜，长剑走天涯。"那时候我们喜欢这样的诗。现在敢说经历了沧海桑田，细细想来敢说春深如海。只有海的意味深长，才包罗万象，一个浪花冷一个浪花热，这个手冷那个手热，都不过是浪花中的泡沫。"春深如海"，在诗里文里看得多了，也看俗了。其实这个"深"字好，"深"字也就是弟弟说的"长"字吧，不过也还有不同。

少年时正是战争岁月，我在乡下跑来跑去。花花草草没人管，没有人理。淡淡的阳光，蒙蒙的细雨。阳光只管照，细雨只管下，谁也不理谁，忽然，山坡上映山红开了，人走不到的石头岩上开了，人走来走去踩得稀烂的黄泥路边也开了，牛羊吃草的坡上开了，水泥坟圈石头坟坛那里拱着水泥拱着石头开了。映山红，满山红相映。到了北方，叫做杜鹃，栽在盆里，放在暖房里过冬，湿度、温度、光度样样伺候合适了，才开个五天八天。江南也有大晴天，单薄的映山红当天发干，再晒一天，减色。晒上三天，山上残红映不成了。可是江南春天的细雨，不等阳光收走，自会濛濛一片。映山红一挂上针尖般大的水珠，全副精神又出来了。时雨时晴，同时雨同时晴，晴雨没有休时，映山红没有休日。这是长了。

在艰难的岁月，我在北国风沙里，忽然遇上个不得不进行文化交流的外国画展。我没有了接受的兴趣，匆匆一走而过。忽然，我被吸引了，站住了。那画灰蒙蒙，细雨看不见，可又扑面。一道慢坡，坡头一圈矮矮围墙，墙里有些石头堆又不够废墟，说不清。坡下边有两头牛，边吃草边瞌睡，牛毛上当挂着针尖水珠，要不，怎么朦朦胧胧。我在草地上找红色，也朦胧似有似无，我认定是有，还是映山红。

我看见了少年时代，看见了"龙灯花鼓夜，长剑走天涯"。看见了老手艺人，手冷望天。在艰难的风沙里，忽然看见了想也想不起来的故乡的春天，又朦胧看不透，看不透又盛得住一生所有的思念。

这是春深了。

（1）从空间和时间的角度，分析第十一段中作者是怎样描写映山红的。

_____

_____

（2）作者从"春声"写到"春深"，表达了怎样的思想感情？

————————————————————————

————————————————————————

————————————————————————

3. 技能要求——品味语言，鉴赏评价

★训练提示

品味鉴赏散文语言、表现手法

★训练材料

课内:《荷塘月色》、《故都的秋》,课外:《春声和春深》

训练一:

阅读《荷塘月色》

(1) 品味下面的句子,指出其中通感的用法及其艺术效果。

微风过处,送来缕缕清香,仿佛远处高楼上渺茫的歌声似的。

————————————————————————

荷塘中的月色并不均匀;但光与影有着和谐的旋律,如梵阿玲上奏着的名曲。

————————————————————————

(2) 作者精心选用动词,增强了文章的表现力,说说下面两句中加点动词的表达效果。

月光如流水一般,静静地泻在这一片叶子和花上。

————————————————————————

弯弯的杨柳的稀疏的倩影,却又像是画在荷叶上。

————————————————————————

(3) 作者写月下荷塘的景色,选用了一些叠字、叠词(如远远近近、高高低低、重重、阴阴、隐隐约约等),试结合语境,说说这些词语的妙处。

_____

_____

训练二：

阅读《故都的秋》

（1）作者为何将"淡红色"的牵牛花视为最次？

_____

_____

（2）"唉，天可真凉了。"作者写"了"字念得很高，拖得很长，是出于什么目的？

_____

_____

（3）你认为郁达夫在文中是颂秋还是悲秋？

_____

_____

【提示】

要理解鉴赏常用的概念与术语：如表达方式与表达技巧，组织结构与语言特色等。

鉴赏语言要结合表达的内容作分析，要对具体语境作具体分析，内容是鉴赏的根本和基础。

散文鉴赏侧重表达方式、各种描写手法以及表现手法（象征、衬托、欲扬先抑等）。

★训练拓展

阅读《春声和春深》

（1）第一段"天亮起来一看，冰雪依旧，只是趴下来点贴近地皮"和第二段"冰雪也还在角落里、背阴里、洼里坎

里龇着白牙"都用了修辞手法，形象地表现出＿＿＿＿＿＿
＿＿＿＿＿。

（2）理解第五段中"你说你没有思乡，那是故乡思念你
了"一句的含义。

＿＿＿＿＿＿＿＿＿＿＿＿＿＿＿＿＿＿＿＿＿＿＿＿＿

（3）《春声和春深》与《故都的秋》都写了南北景象，其
用意各不相同，请加以评析。

＿＿＿＿＿＿＿＿＿＿＿＿＿＿＿＿＿＿＿＿＿＿＿＿＿
＿＿＿＿＿＿＿＿＿＿＿＿＿＿＿＿＿＿＿＿＿＿＿＿＿

（三）完成散文文本有效研究与使用技能的检测

（1）完成一个散文单元的文本教材解读。

（2）下面是有关《荷塘月色》主题的资料，阅读下面资
料，回答问题。

《荷塘月色》主题探讨

不满现实　向往光明

这篇散文以"我"夜游荷塘的行踪为线索，从"带上门
出去"写起，到"推门进去"收尾。在夜游荷塘的过程中，
作者时而缓步前行，时而停立凝想，一路上把荷塘周围环境、
荷塘、荷叶和荷花、月光以及远远近近的树木、山色，陆续呈
现在读者面前，读者仿佛跟着他一路去观赏、领略"这无边
的荷香月色"。这篇散文委婉细腻地描写了荷塘月色的恬静朦
胧，抒发了作者不满黑暗现实、向往自由光明的感情，同时也
流露出一个正直的知识分子在那个时代里彷徨苦闷的心情。

——李国平《〈荷塘月色〉讲解》

苦闷彷徨与寂寞

朱自清在这篇散文中，一方面表现诗人在形势剧变与政治重压下的苦闷、彷徨和寂寞的情绪，另一个主要的方面，又抒写诗人对黑暗现实的不满和不肯与之妥协的态度，以及对于未来美好前景的幻想与追求。因此月下"荷塘"，映照着诗人心灵种种复杂情感的光影，使我们依稀看到诗人在痛苦中无力挣扎、在幻灭中茫然追求的形象。

——吴周文《谈〈荷〉》

内心矛盾与冲突

朱自清这类自由主义知识分子既反感于国民党的"反革命"，又对共产党的"革命"心怀疑惧，就不能不陷入不知"那里走"的"惶惶然"中——朱自清的"不平静"实源于此。……他们试图"躲到学术研究中"，既是"避难"，又在与"政治"保持距离中维护知识分子的相对独立。在某种意义上，"荷塘月色"（宁静的大自然）的"梦"也正是朱自清们的精神避难所。既神往于个人的自由世界，又为此感到不安与自谴，这内在矛盾构成了朱自清内心"不平静"的另一个侧面；在《荷塘月色》里就外化为"荷塘月色"与"江南采莲图"两幅画图，在"冷"与"热"、"静"与"动"的强烈对比、相互颠覆中，写尽了这一代自由主义知识分子的内心矛盾与冲突。

——钱理群《关于朱自清的"不平静"》

彷徨苦闷却无不满

《荷塘月色》的主题是：表现了二十年代末，小资产阶级知识分子的朱自清面对人生的十字路口而产生的彷徨、苦闷的思想感情。他对当时的社会缺乏深刻的认识，想去认识却不能认清形成的矛盾。二三十年代的知识分子都曾在漫漫的长夜中摸索过，探求过，苦闷过，即使鲁迅这样伟大的作家也一度彷徨而不知路在何方。因此，朱自清先生的苦闷是有代表性的，我们不能因为他对国民党抱有幻想而责备他，也不能因他没有参加无产阶级队伍而认为他缺乏勇气，那就不是历史唯物主义了。当然，我们也没有必要硬说朱自清对蒋介石不满才写《荷塘月色》的，有人说本文表现了作者向往光明、追求进步，则更是牵强附会了。

——程翔《〈荷〉主题探究》

有浓浓的哀愁

我们只要想一想文章的第一段，"这几天心里颇不宁静……"便会自然而然地体会出作者有许多无法排遣的烦闷，他在那夜深人静的时候，离开自己的妻儿，来到这"日日走过的"，在"没有月光的晚上"，显得"阴森森的，有些怕人"的荷塘，完全不是有闲阶级的寻欢作乐，也完全不是骚人墨客的吟风弄月，这里面没有"幻想超脱现实"者的雅兴，也没有一般学者、教授"难得偷来片刻逍遥"的闲情。我们应该努力去体会作者郁结的烦闷和满怀愁绪无处诉说的苦衷，把偶然写到的闲情看做是苦情的反衬，才符合文章的实际，才能真正领会作者的写作意图。

——姚效先《〈荷〉有浓浓的哀愁》

不消沉　无哀愁

这里流露了爱国知识分子热爱祖国山河的热烈情怀……这种感情流露在"独裁代替民主"的逆转时代，更使人觉得诗人对未来充满希望，并不消沉，并无什么"哀愁"。同时，也流露了诗人洁身自好、不愿同流合污的高洁品性。如果说诗人心中真有维系着时代命运的"哀愁"，哪会有心去欣赏多情、缠绵的采莲歌呢？哪会去"惦着江南"的采莲歌呢？哪会引起广及大江南北的美好想象呢?《荷塘月色》的灵魂,不是诗人的"淡淡的喜悦当中夹杂着淡淡的哀愁",而是诗人的热爱祖国山水的爱国情思和诗人洁身自好、不愿同流合污的高洁品性。

——吴海发《〈荷〉中有哀愁吗》

问题:深入解读文本,并参照提供的相关资料,写一篇《荷塘月色》的教材研究分析。字数不少于 1 500 字。

(3)点评《背影》的教学设计。在点评的基础上完成自己的一节教学设计。

背影

一、设计思路

具体分析《背影》一文的叙事特点及文中所蕴含的作者情感。结合单元教学目标,《背影》可承担的教学任务是"以特定情境中最感人的细节为线索"和"特定情境中感人细节蕴含的情感",转换成具体的教学内容就是"以父亲的'背影'为叙事线索,说出以此为线索好在哪里";"父亲爬月台买橘子的细节描写中蕴含了作者怎样的情感",这两个教学内容也能从教学文本后编者设计的"思考与练习"①得到证实。文后的四个"思考与练习"题结合了前文所分析的《背影》一文在语文版教科书本册该单元的教学内容:第一题解决的是课文行文线索的问题;第二题至第四题强调的是在体会作者文中所蕴含情感的基础上,逐步将这种情感由文中迁移至文外并与自己的生活联系起来,用形象化的语言抒写自己对亲人的感念之情。

以学生自主研读为主,教师巡视,针对学习有困难的学生进行个别指导；最后依据学生对文章的诵读水平评判学生是否领悟了作者隐藏在事件中的情感。

二、教学目标

1. 能在画出文中所写几件事的基础上，提取并说出《背影》一文的叙事线索。

2. 通过自主研读解答教师提出的问题。在问题的解答过程中，能说出文中所叙之事蕴含的作者情感。

3. 能用恰当的方式处理与父母之间的关系。

4. 能以特定情境中的感人细节为线索，选择事件，组织材料，并在叙事中写出一种自己的特定情感。

三、教学步骤

1. 导入新课。初步判断课文的文体类型。

2. 初读课文。读懂课文的内容：文章写了什么事。

（1）独立阅读课文，借助课下注释、字/词典解决阅读中遇到的生字词，并能结合上下语境确定它们在文中的意义：使用不同的符号标出阅读中遇到的问题，在归类整理的基础上，在书的空白处写出你在阅读中存在的问题。

（2）向周围的同学寻求帮助，以解决你阅读中遇到的问题。大家均不能解决的问题，用语言记录下来，并用通顺、流畅、指向性较强的语言进行表达，以便向老师或全班同学寻求解答的方法。

（3）师生共同解决学生提出来的问题。帮助每一个学生初步读懂课文。

（4）聆听配乐朗读，小声跟读、模仿，通过仿读加深对课文内容的理解。

（5）将全班同学分成四个大组，分别由四位朗读比较好的同学带着朗读课文。（教师课前可对四位同学的朗读进行个

别指导)

3. 研读课文——梳理文章思路，辨析文章线索：感人的特定细节。

（1）独立阅读课文，请根据文中所写四件事情的顺序，用四个短语概括这四件事情。

（2）再读课文，从文中找出一个能将这几件事联系在一起的生活细节。

（3）三读课文，你认为文中还有没有其他生活细节可以替代"父亲背影"将这几件事联系在一起呢？请简述你的理由。

（4）讨论：你认为刚才大家列举的这些生活细节中，哪一个更适合作为文章的叙事线索呢？依据文本说出你的理由。（同时解决课后练习第一题）

4. 品读课文——说出所叙事件中蕴含的对父亲的歉疚之情。

（1）作者文中四次写到"父亲背影"，牵出四件事，表达的是一种情感。"父亲背影"每出现一次，作者的情感就向纵深递进一次。请从四件事情中选择一件事，画出能传达作者情感的词句，指出哪些词句附着了作者的情感，作者想传达的情感是什么？

（2）以第六自然段为例，分析作者是如何将自己的情感蕴含在对父亲的行动描写之中的。把表现作者感情的词语画出来，在默读中体会，并用读给他人听的方式呈现你对作者情感的理解。

四、迁移训练

1. 自读本单元的《铁骑兵》，找出文章的叙事线索，画出文章所叙述的几件事，分析作者是如何根据叙事线索安排事件的。说出作者在所叙事件中蕴藏的情感。

2.20 世纪 80 年代初，罗中立的油画《父亲》（见课本中彩色插页）一经发表，就感动很多人。观者在为画中父亲的沧桑感动之时，忽略了在父亲的左耳边插着一支油笔。请你以"父亲耳边的这支油笔"为线索，结合你自己的生活经历，展开联想，选取与这支油笔有关的 3~5 件事情，来倾诉一下你从这幅画中获得的感受。

文学类文本之诗歌的有效研究与使用技能训练

【训练导言】

一、诗歌的教学要求

《义务教育语文课程标准（2011 年版）》在第三学段才开始提出诗歌的教学要求。依据诗歌的文体特征和《义务教育语文课程标准（2011 年版）》中有关教学要求，初中诗歌教学的基本目标列举如下：

1. 阅读诗歌，能大体把握诗意。

2. 能依据诗文的内容，对诗句的画面进行合理的想象和联想，并能用自己的语言描绘这个画面。

3. 能理解诗歌意象的含义，体会蕴含其中的诗人情感。

4. 能简单地评析诗歌的艺术手法。

5. 能了解诗歌的基本知识，了解所学诗人的基本经历。

梳理《普通高中语文课程标准（实验）》中的必修阶段目标与选修阶段目标，诗歌教学与散文教学是放在一起表述的，高中诗歌教学的基本目标列举如下：

必修阶段：

1. 学习鉴赏中外诗歌，具有积极的鉴赏态度，注重审美体验，陶冶性情，涵养心灵。能感受形象，品味语言，领悟作品的丰富内涵，体会其艺术表现力，有自己的情感体验和思考。努力探索作品中蕴含的民族心理和时代精神，了解人类丰富的社会生活和情感世界。

2. 在阅读鉴赏中，了解诗歌的基本特征及主要表现手法。了解作品所涉及的有关背景材料，用于分析和理解作品。

选修阶段：

1. 培养鉴赏诗歌作品的浓厚兴趣，丰富自己的情感世界，养成健康高尚的审美情趣，提高文学修养。

2. 阅读古今中外优秀的诗歌作品，理解作品的思想内涵，探索作品的丰富意蕴，领悟作品的艺术魅力。用历史的眼光和现代的观念审视古代诗文的思想内容，并给予恰当的评价。

3. 学习鉴赏诗歌的基本方法，初步把握中外诗歌各自的艺术特性，注意从不同角度和层面发现作品意蕴，不断获得新的阅读体验。

二、教材中"诗歌"的整体把握

以人教社高中必修教材为例，对诗歌文体教学进行整体把握。高中必修教材中，共有四个诗歌单元。

必修一第一单元是现代诗歌，教学重点是"情感与意象"。单元导语是：鉴赏诗歌应在反复朗读的基础上，着重分析意象，同时品味语言，发挥想象，感受充溢于作品的真情。

必修二第一单元是"诗经、汉魏六朝诗歌"，教学重点是"含英咀华"。单元导语是：反复吟咏，体会诗中的思想感情，注意不同诗体的节奏，感受由此产生的不同情趣。

必修三第二单元是"唐诗"，教学重点是"感受与共鸣"。单元导语是：在理解诗意的基础上，进入诗歌的情境，感受古代社会生活与古人的情感世界，领略古人的独特审美情趣；要注意联系不同时期、不同创作背景和不同的创作风格解读，注意在朗读背诵中提高对诗歌思想内容和艺术旨趣的感悟能力。

必修四第二单元是"宋词",教学重点是"情思与意境"。单元导语是:词具有很强的节奏感和音乐性,欣赏时要反复吟咏,体会其声律之美;也要在理解作品的同时,运用联想和想象领悟其中情与景浑然交融的意境。

对四个诗歌单元的单元导语进行梳理,我们会发现:

诗歌鉴赏活动涉及的认知活动对象包括意境、意象、诗意、思想、情感、情趣、语言、节奏、声律。

诗歌鉴赏活动涉及的方式有朗读、诵读、吟咏、背诵、领悟、想象、联想、理解、联系。

诗歌鉴赏活动涉及的相关知识经验是:个人经验、文化常识、时代背景、作家作品知识。

比较四个诗歌单元的单元导语,我们发现:

必修一、必修二的诗歌导语中都提出要"反复朗读"、"体会诗歌的思想情感"。但必修一强调了"着重分析意象,品味语言",而必修二则强调了"感受诗歌的情趣"。

必修二、必修三的诗歌教学中,必修三提出朗读背诵、感受情境的要求后,还明确"联系不同时期、不同创作背景和不同的创作风格解读",即"知人论世"的方法。

而必修四的单元导语,同样有"朗读背诵"、"感受情境",但又强调了"联想和想象"的诗歌学习方法。

四个单元中出现的相同词语包括:"语言与文字"、"意象与意境"、"节奏与韵律"、"情感与思想",这四组词语提示我们,高中诗歌教学中的本质内容是:诗歌要通过诵读吟咏,借助语言文字,感受意象与意境,体会情感与思想。

四个诗歌单元教学中的不同也很明显。必修一是"意象分析法",必修二是"吟咏诵读法",必修三是"知人论世法"，必修四是"联想想象法"。

【提示】

诗歌的形式充满了节奏感。通过吟诵使学生的注意力倾注在音乐效果和意义上，而且通过感受诗歌的节奏变化和情感起伏，使学生获得对诗歌的深层次的理解。

诗歌的语言凝练、含蓄、跳跃，所以诗歌教学的关键，是引导学生在短时间内跨越时空和语言的障碍。

意象在作品中多以个体存在，多个意象个体形成意境。通过品味意象和意境，把握作者在意象中所寄寓的情感。

三、"诗歌"的考查形式

全国几十套中考试卷中，考查诗歌的只是少部分。

例如：2013 年【上海卷】

阅读下面两首诗，完成第 7~8 题。

饮湖上初晴后雨　　　　　钱塘湖春行

　苏轼　　　　　　　　白居易

水光潋滟晴方好，　孤山寺北贾亭西，水面初平云脚低。
山色空蒙雨亦奇。　几处早莺争暖树，谁家新燕啄春泥。
欲把西湖比西子，　乱花渐欲迷人眼，浅草才能没马蹄。
淡妆浓抹总相宜。　最爱湖东行不足，绿杨阴里白沙堤。

7. 两首诗都抒发了作者对西湖的_____之情。

8. 对两首诗的理解正确的一项是（　　）

A. 都描写了晴雨变化中的湖光山色。

B. 都描写了生机勃勃的早春景象。

C. 作者观察景物的角度不同。

D. 作者所写景物的色彩相同。

【答案】7. 喜爱　8. C

诗歌是高考试卷中的必考内容。2013 年共有 18 套高考试卷，也就有 18 道考查诗歌的题目。高考试卷中诗歌以古典诗歌的考查为主。

例如：2013 年【全国大纲卷】

客从

客从南溟来，遗我泉客珠①。珠中有隐字②，欲辨不成书。

缄之箧笥久③，以俟公家须。开视化为血，哀今征敛无。

[注] ①泉客珠：指珍珠。泉客，传说中的人鱼，相传它们流出的眼泪能变为珍珠。②佛教传说，有些珠子中隐隐有字。③箧笥：指储藏物品的小竹箱。

（1）这首诗讲述了一个故事，请简述这个故事。

答：＿＿＿＿＿＿＿＿＿＿＿＿＿＿＿＿＿＿＿＿＿＿＿

【答案】有客人从南方来，送我珍珠，珍珠里隐约有字，想辨认却又不成字。我把它久久地藏在竹箱里，等候官家来征求。但日后打开箱子一看，珍珠却化成了血水，可我想的是我现在再也没有什么可以应付官家的征敛了。

本题考查评价文章思想内容的能力，能力层级为 D 级。此诗大约是公元 769 年（唐代宗大历四年）杜甫在长沙所作。这是一首寓言式的政治讽刺诗。杜甫巧妙地、准确地运用了传说，用"泉客"象征广大的被剥削的劳动人民，用泉客的"珠"象征由人民血汗创造出来的劳动果实。此诗通过泉客珠化血的故事，对统治者搜刮民脂民膏的酷刑，作出血泪的控诉。

(2) 从全诗看，"珠中有隐字"、珍珠"化为血"各有什么寓意？

答：＿＿＿＿＿＿＿＿＿＿＿＿＿＿＿＿＿＿＿＿

【答案】"珠中有隐字"，寓意为百姓心中有难言的隐痛。珍珠"化为血"，寓意为官家征敛的实为平民百姓的血汗。

本题考查评价文章思想内容的能力，能力层级为 D 级。"有隐字"，因为隐约不清，所以辨认不出是个什么字。珠由泪点所成，它是如此模糊，却又如此清晰。作者意在警告统治阶级应该看到他们所剥削的一切财物中都含着人民的血泪。"化为血"，就是化为乌有，说化为血，更能显示出人民遭受残酷剥削的惨痛。原有的财物被剥夺一空，而公家的征敛仍有增无减，而今再没有什么东西可供搜刮的了。

依据教育部考试中心颁布的《考试大纲》，非课改区《考试大纲》将能力层级定为"E"，课改区《考试大纲》将能力层级定为"D"，都属于较高的能力层级。而各省市的《考试说明》又将鉴赏评价的能力层级进行了细化，一般是从诗歌的形象、语言、表达技巧、思想感情、观点态度几个方面详细说明"鉴赏评价"的考查内容。

高考古诗词曲阅读试题的题型主要有三种：选择题、填空题、简答题。

【提示】

古诗词曲阅读测试主要考查考生"鉴赏文学作品的形象、语言和表达技巧"，"评价文章的思想内容和作者的观点态度"

两大方面的能力。

诗歌的命题角度主要集中体现在：

（1）解释特殊词/句在特定语境中的含义。

（2）理解诗歌中重要词句的含义。

（3）鉴赏诗歌的语言和表达技巧。

（4）探寻隐于诗句中的作者的情感取向。

（5）联系或比较文本和文本以外的知识，对诗句进行解释或评价等。

【案例分析】

一、观察、比较《再别康桥》的两个案例

案例一:

再别康桥

设计意图:

1. 学生在诵读中提高吟诵能力;在点评他人朗读中,深化对情感的体验,提高鉴赏能力。

2. 学生通过反复吟诵,体会徐志摩诗歌和谐柔美的特点,把握徐志摩对康桥那浓浓的眷恋之情。

主要活动安排:

1. 预习:课下自读《再别康桥》,自己认为满意即可录音。

2. 课上听读学生录音(3~4人),请诵读者介绍自认为处理最得意的一处,并说明理由。

3. 其他同学就此点评。要求:以课本为依据;补充新的看法;重点在于提出改进建议:你认为怎样读更准确? 换一种读法会怎样?

4. 播放濮存昕的录音,说说你的感受。

5. 印发教参上《〈再别康桥〉诗意美》,自己笔答完成"研讨与练习三"后小组交流。

具体说明:

安排第2环节意在检查课前预习,让预习真正成为课堂教

学实施的基础，同时生成课堂讨论话题，学生在听读中再加深对诗的理解；第3环节要求明确，意在培养学生的倾听能力，通过多层对话使讨论深入，随着对"读"的点评深化，准确把握诗人情感，预计"意象"、"语言"、"形式"问题会在此出现，教师要处理好预设与动态生成的关系；估计会有同学对濮存昕在朗读时对少数诗句的感情把握不很得当提出质疑，引导学生学会客观评价，培养探究能力，进一步准确把握诗人情感。此课例适合中等水平的学生。

案例二：

再别康桥

设计意图：

1. 学生由浅入深地阅读《再别康桥》，在阅读中产生新的体验和发现。

2. 学生有话可说，不同层次的学生可以有不同层次的思考。

3. 学生学写简单评论，表达自己对《再别康桥》的看法。

主要活动安排：

1. 预习：①有人说读《再别康桥》觉得它很美，但也有读者批评本诗缺乏深刻的思想内涵，你读这首诗的感受如何呢？请记下初次读与第三遍读后的感受。就一点，就全诗来谈都可以。②上网或去图书馆查阅有关徐志摩和《再别康桥》的资料（一定安排在预习①之后）。

2. 课上，分组交流读诗的感受，整理出普遍认同之处和特别不同之点，准备全班交流。

3. 全班汇报交流，梳理出大家普遍认同的看法，解决少数同学中的典型问题。

4. 配乐散读、齐读课文，你现在读这首诗又有何感受，只说感受变化最大或最深的一处。

5. 课上请学生介绍查阅的资料，或参见教师印发的材料，进一步修改完善自己对本诗的看法。

6. 讨论：徐志摩的《再别康桥》美在何处？

具体说明：

第 2 个教学环节中要求"整理出普遍认同之处和特别不同之点"，意在培养学生学会倾听，学会从他人对话中提取有用的信息；第 4 个环节中，安排"你现在读这首诗又有何感受"的讨论，意在强化学生对这首诗的理解，学会在不断学习思考中补充完善自己对问题的看法。安排第 6 个环节，意在同学不断感受、体味的基础上，对前面所学加以梳理，使之条理化。实际上既是学习内容的整合，也是学习方法的积累整合。这个设计更适合普遍接受能力强、学习状态比较好的学生。

二、案例评析

（1）结合文本和文体特点，分析两个案例设计意图的依据各是什么。

（2）你认为两个案例的设计亮点是什么？

（3）如果你实施教学，你会借鉴哪个教学设计？说明理由。

【技能训练】

一、训练目标

（1）明确诗歌文本有效研究与使用技能的基本要求。

（2）掌握诗歌文本有效研究与使用技能的基本策略。

（3）完成诗歌文本有效研究与使用技能的检测。

二、训练材料

课内：《沁园春·长沙》、《再别康桥》、《雨巷》、《沁园春·雪》、《大堰河——我的保姆》、《登高》，课外：《江行》、《咏素蝶诗》、《壬辰寒食》

三、训练任务

（一）明确诗歌文本有效研究与使用技能的基本要求

诗歌有效研究与使用可以从三个角度入手：品诗味、悟诗情、说诗风。

诗味包括诗歌语言的含蓄、意象的丰富、表达形式的多样等。

诗情即意蕴、旨趣、情致等，既是诗人情感的表达，也是作品主题、主旨的所在。在教学中应从诗歌抒情的主要特征出发，引导学生体会并把握诗歌中所表达的思想感情。

诗风指因诗人个性化色彩而在诗歌中所体现出的语言、手法、情感的差异。

（二）掌握诗歌文本有效研究与使用技能的基本策略

1. 技能要求——理解诗歌的内容和情感

★训练提示

理解诗歌的内容和情感包括：诗句的意思，作品的题材和主旨，作者抒发的情志和表达的道理。

★训练材料

课内：《登高》、《沁园春·长沙》、《雨巷》，课外：《江行》

★训练思路

训练一：

材料《登高》

（1）诵读《登高》，完成下表。

登高所见：

风急天高→（　　　　）→猿哀鸟回→（　　　　）→不尽长江

登高所感：

万里作客→年老多病→（　　　　）→（　　　　）→浊酒新停

（2）《登高》中"悲"、"独"两种情怀的内涵是什么？

_____

_____

训练二：

诵读《沁园春·长沙》

（1）这首词有着清晰的思路，你能找出标志这一思路的、具有引领作用的词吗？这首词描述了几幅画面？你可以根据内容给各幅画面加个小标题吗？

具有引领作用的词是：＿＿＿＿＿＿＿＿＿＿＿＿＿＿＿

共描述了四幅画面：＿＿＿＿＿＿＿图、＿＿＿＿＿＿＿图、

＿＿＿＿＿＿＿图、＿＿＿＿＿＿＿图

（2）词的上阕词人是怎样变换视角描绘眼前这大好秋色的？饱含了词人怎样的思想感情？把你的理解写在横线上。

远眺：山红林染（静）

近观：＿＿＿＿＿＿（静、动）　　　　总写

看：　　远眺：＿＿＿＿＿＿（静）　　　　＿＿＿＿＿＿＿

近观：＿＿＿＿＿＿（静、动）

仰视：＿＿＿＿＿＿（动）

训练三：

诵读《雨巷》

（1）读完这首诗，你感受和体验到的作者的感情是什么？

＿＿＿＿＿＿＿＿＿＿＿＿＿＿＿＿＿＿＿＿＿＿＿＿＿＿＿＿＿

＿＿＿＿＿＿＿＿＿＿＿＿＿＿＿＿＿＿＿＿＿＿＿＿＿＿＿＿＿

（2）对于戴望舒的悲伤的原因有两种理解，你认同哪一种？结合内容具体说明。

A. 痛苦的心境：原因是作者痛苦的初恋。在爱情上，戴望舒第一次的恋爱在 1927 年，后来失败了。

B. 黑暗的现实：1927 年的白色恐怖使原来热烈响应了革命的青年一下子从火的高潮堕入了夜的深渊。他们中的一部分人，找不到革命的前途。他们在痛苦中陷于彷徨迷惘，他们在失望中渴求着新的希望的出现，在阴霾中盼望飘起绚丽的彩虹。"雨巷"的意象，正是作者心理现实和社会现实的象征，也是一切苦闷的象征。

_____

_____

_____

_____

【提示】

理解诗歌的内容和情感需要关注以下几个方面：

题目。古诗的题目很讲究，它往往能揭示诗歌写作的时间、地点、对象、事件、主旨等，是我们解读诗歌的重要切入点。从题目切入，可以帮助我们迅速准确地理解诗歌。

情语。这里的"情语"是指直抒胸臆的词句，是诗中点睛之笔。把握了这些词句，便可触摸到作者的情感脉搏，从而理解诗歌、进入诗人的情感世界。

细节。优秀的诗歌，总是以个别反映一般，以局部反映整体。这里的"个别"、"局部"便是具有典型意义的细节，透视过这个独具特点的细节，便可以挖掘诗中蕴含着的情感。

题材。同一题材的诗歌，表达的情感通常具有同一性，并且具有相对的稳定性。鉴赏时，抓住题材切入，便不会离谱背弦。古诗常见的题材有：①思乡游子，②咏史登临，③边塞、从军，④忧国、忧民，⑤爱情幽怨，⑥爱国、建功，⑦山水隐逸，⑧咏物言志。

★训练拓展

江行

严羽

暝色蒹葭外，苍茫旅眺情。

残雪和雁断，新月带潮生。

天到水中尽，舟随树杪行。

离家今几宿，厌听棹歌^①声。

［注］①棹歌：行船时船工所唱的歌。

（1）整体感知《江行》，把你的理解填在对应的横线上。

暝色蒹葭外，苍茫旅眺情。

理解：＿＿＿＿＿＿＿＿＿＿＿＿＿＿＿＿＿＿＿＿

残雪和雁断，新月带潮生。

理解：＿＿＿＿＿＿＿＿＿＿＿＿＿＿＿＿＿＿＿＿

天到水中尽，舟随树杪行。

理解：＿＿＿＿＿＿＿＿＿＿＿＿＿＿＿＿＿＿＿＿

离家今几宿，厌听棹歌声。

理解：＿＿＿＿＿＿＿＿＿＿＿＿＿＿＿＿＿＿＿＿

2. 技能要求——鉴赏诗歌的表达技巧

★训练提示

诗歌的表达技巧指的是在进行诗歌创作活动时运用的技巧，包括表达方式、表现手法、抒情方式和修辞方法等。

★训练材料

课内：《沁园春·长沙》、《沁园春·雪》、《再别康桥》、《雨巷》，课外：《咏素蝶诗》

★训练思路

训练一：

材料《沁园春·长沙》、《沁园春·雪》

比较鉴赏《沁园春·长沙》、《沁园春·雪》后，填写下表。

项目			《沁园春·长沙》	《沁园春·雪》
相同点	形式	格律：（ ）		
		表达方式：（ ）		
		抒情方式：（ ）		
		修辞手法：（ ）		
		其他：（ ）		
	内容	都表达了诗人以天下为己任的革命责任感和远大抱负，表达了作者对祖国的热爱和民族前途命运的关心		
		都写景，有秋景和冬景，在诗人的笔下，显得生机勃发、绚丽多彩		
不同点	形式	表达方式：（ ） 韵脚：（ ）	表达方式：（ ） 韵脚：（ ）	
	内容	思想感情的表达比较含蓄，以设问的形式提出，以反问的方式回答。1925年问："苍茫大地，谁主沉浮？"	思想感情的表达自信而坚定。1936年回答："数风流人物，还看今朝！"	

训练二：

材料《雨巷》

戴望舒使用了什么艺术手法准确地表现了他的忧伤，让我们产生共鸣？换言之，我们为什么会感觉到这首诗很低沉、伤感，充满着愁绪和无奈呢？

_____

_____

训练三：

材料《再别康桥》

《再别康桥》在形式上具有三美：绘画美、音乐美、建筑美。你能结合诗歌谈谈自己的理解吗？

绘画美：

_____

_____

音乐美：

_____

_____

建筑美：

_____

_____

【提示】

表达方式，如记叙、描写、说明、议论、抒情。一首诗可以以一种表达方式为主，兼用其他表达方式，就古代诗歌来讲，描写和议论这两种表达方式最为常见。

表现手法，如联想、想象、象征、对比、渲染、衬托、虚实结合、动静相映、点面结合等。

抒情方式，主要有直接抒情和间接抒情，间接抒情又有借景抒情、寓情于景、情景交融、托物言志、借用典故、借古喻今等。

修辞方法，主要有比喻、拟人、借代、对偶、对比、夸张、反复等。

★训练拓展

咏素蝶诗

刘孝绰①

随蜂绕绿蕙，避雀隐青薇。映日忽争起，因风乍共归。

出没花中见，参差叶际飞。芳华幸勿谢，嘉树欲相依。

[注] ①刘孝绰（481—539）：南朝梁文学家，彭城（今江苏徐州）人。文名颇盛，因恃才傲物而为人所忌恨，仕途数起数伏。

（1）这首诗有什么含意？采用了什么表现手法？

_____

_____

3. 技能要求——鉴赏诗歌的语言

★训练提示

诗歌语言具有以下特点：省略成分多、字句倒置现象常见、诗词语言跳跃性大、用典多。

★训练材料

课内：《沁园春·长沙》、《沁园春·雪》、《大堰河——我的保姆》，课外：《壬辰寒食》

★训练思路

训练一：

阅读《沁园春·长沙》、《沁园春·雪》

（1）"中流击水"这一情景蕴含着词人怎样的感情？

_____

_____

（2）《沁园春·雪》中的"风流人物"是什么人？《沁园春·长沙》中的"同学少年"算是"风流人物"吗？为什么？由此可见，本词上、下阕是一种怎样的关系？

_____

_____

训练二：

阅读《大堰河——我的保姆》

（1）我既是地主的儿子，又是大堰河的儿子，这样说是否矛盾？诗人说自己是大堰河的儿子，对不对？

_____

_____

（2）家和客本来是对立的，能做客的地方不是家。有谁在自己的家里做客呀？诗人在这里正是抓住了家和客这一对矛盾，表达出一种复杂的辛酸之情。你还能不能找出类似的矛盾的写法？

_____

_____

（3）到结了冰的池塘去洗菜，把结着冰屑的萝卜切开，在那冰冷刺骨之时能够笑吗？面对着猪吃的麦糟，嗅着那刺鼻的馊味儿，扇着呛人的炉烟，常人在这时能够笑吗？然而诗中却始终写大堰河"含着笑"，有什么用意？

_____

_____

【提示】

鉴赏诗歌的语言，第一，整体把握。要从整体出发把握诗歌的基本内容，体会作品中的意境。第二，理解含义。词语或字的含义是什么？词语或字所在句中的含义，展开联想把词语或字放入原句中描述景象。第三，指出作用。思考运用了什么表现手法，烘托了怎样的意境，或表达了怎样的感情。

★训练拓展

壬辰寒食①

王安石

客思似杨柳，春风千万条。
更倾寒食泪，欲涨冶城潮。
巾发雪争出，镜颜朱早凋。
未知轩冕乐，但欲老渔樵。

（1）分析《壬辰寒食》语言特点，把你的理解填在对应的横线上。

客思似杨柳，春风千万条。

理解：_____。

更倾寒食泪，欲涨冶城潮。

理解：_____。

巾发雪争出，镜颜朱早凋。

理解：_____。

未知轩冕乐，但欲老渔樵。

理解：_____。

4. 技能要求——鉴赏诗歌的意境

★训练提示

所谓意境，就是诗人要表达的思想感情与诗中所描绘的生活图景有机融合而形成的一种耐人寻味的艺术境界。

★训练材料

课内：《沁园春·长沙》、《沁园春·雪》、《再别康桥》、《登高》、《雨巷》，课外：《江行》

★训练思路

训练一：

材料《再别康桥》

（1）《雨霖铃》中"执手相看泪眼，竟无语凝噎"是怎样的离别气氛？而徐志摩的这首诗又带给读者什么样的感觉？

_____

_____

（2）作者选取了哪些景物来寄托对康桥的依恋呢？

_____

_____

训练二：

材料《雨巷》

作者为什么要选用"丁香"这个意象呢？

_____

_____

训练三：

材料《登高》

这首诗选用了哪些意象，营造了怎样的意境，抒发了作者怎样的感情?

_____

_____

【提示】

鉴赏古典诗歌的意境的方法是在通读诗句,大致了解诗歌的内容之后做到以下几点:

第一步,抓住诗歌中的主要意象(描写的人、景、物)。

第二步,描绘诗中展现的图景画面。我们要用联想去感受诗人那生动、形象、惟妙惟肖的语言所表现出来的一幅幅具体、生动、形象的画面。

第三步,概括景物所营造的氛围特点。

第四步,分析作者的思想感情和营造氛围的作用意义。画面往往是诗人对现实生活的细心观察、体验的结晶,是诗人心中的思想、情感的自然流露。因此,我们就要紧紧抓住作者的思想感情这一条脉络去感受诗歌的意境。

★训练拓展

阅读《江行》

第一步:理解诗句。

_____

_____

第二步:品味意象。

_____

_____

第三步:想象画面。

_____

_____

第四步：体味氛围。

_____

_____

第五步：把握意境。

_____

_____

_____

（三）完成诗歌文本有效研究与使用技能的检测

（1）点评《沁园春·长沙》这篇案例，在点评的基础上完成一篇自己的教学设计并进行说明。

沁园春·长沙

一、教学目标

1. 了解作品的写作背景，抓住关键词语，体会词中描绘的意象，理解景中寓情、情中显志的特点。

2. 学习运用搜索引擎，利用网络获得知识。

表达观点的方法：通过比较阅读，学习从不同角度、不同层面鉴赏诗词。

3. 领会诗歌宏阔的意境，感受革命前辈的博大情怀和革命壮志，激发学生奋发向上，树立远大理想。

二、教学重点、难点

1. 比较阅读《长沙》和《雪》两首词，学习从不同角度、不同层面鉴赏诗词，这是本课的重点。

2. 比较鉴赏两首词思想情感上的异同点，这是本课的难点。

三、教学设想

1. 课前要求学生利用网络查询本词写作背景与毛泽东其他诗词故事。

2. 课上通过演示课件，播放朗读录音，激发学生兴趣，创设情境，增强情感体验。

3. 课后要求学生通过网络查询并阅读有关赏析文章，全面系统地赏析两首词，增大鉴赏内容的密度，突破学生所受的知识、阅历的限制，引导学生深入理解词人的思想情感。

四、教学时数：1 课时

五、教学步骤

（一）检查学生预习成果，撷取相关材料在课前展示

材料一：1910 年毛泽东离开韶山投考湘乡县东山小学。在回答《言志》作文题时，他写下了《七古·咏蛙》："独坐池塘如虎踞，绿荫树下养精神，春来我不先开口，哪个虫儿敢作声。"充分表达了 17 岁少年的宏大抱负。

材料二：在湖南省第一师范就读时，毛泽东与蔡和森、何叔衡等人经常在一起纵论天下大事、社会和人生问题，常引"国家兴亡，匹夫有责"来激励自己，立志要成为国家的"栋梁之才"，与同学约定三不谈：不谈金钱、不谈男女之事、不谈家务琐事，否则不能做朋友。

材料三：在长沙求学时，毛泽东经常与同窗好友去湘江游泳，写下了"自信人生二百年，会当击水三千里"的豪迈诗句。"五四"时期毛泽东组织了长沙学生和市民的爱国运动，主编《湘江评论》，在全国反响极大。

材料四：这首词写于 1925 年，当时毛泽东直接领导了湖南农民运动。当年 10 月毛泽东离开韶山前往广州，途径长沙，重游橘子洲，面对绚丽的秋景和大好的革命形势，回忆往昔的战斗岁月，不禁心潮起伏，浮想联翩，写下了这首气势磅礴的词。

材料五：毛泽东诗词——

人生易老天难老，岁岁重阳，今又重阳，战地黄花分外香。（《采桑子·重阳》）

雄关漫漫真如铁，而今迈步从头越。（《忆秦娥·娄山关》）

天若有情天亦老，人间正道是沧桑。（《七律·人民解放军占领南京》）

牢骚太盛防肠断，风物长宜放眼量。（《赠柳亚子先生》）

为有牺牲多壮志，敢教日月换天地。（《七律·到韶山》）

一万年太久，只争朝夕。（《满江红·和郭沫若同志》）

世上无难事，只要肯登攀。（《水调歌头·重上井冈山》）

谁敢横刀立马，唯我彭大将军。（《六言诗·致彭德怀同志》）

踏遍青山人未老，风景这边独好。（《清平乐·会昌》）

（二）导入新课

师：共享完这些材料，同学们有哪些发现？来高度总结一下。

生：毛泽东善于用古典诗词形式反映现实生活，抒写现代精神。

生：他的诗作读来总给人一种大气、豪迈、无人抵挡的气势。

师：不错，他生前公开发表的诗词有 39 首，其中，以"沁园春"为词牌的只有两首：一是《长沙》，二是《雪》。今天我们一起来比较欣赏，学习词的凝练铿锵的语言，领会诗歌深远优美的意境，追寻伟人的闪光足迹，走进伟人的崇高心灵。

（三）整体感知，初步鉴赏，做好铺垫

1. 《沁园春·长沙》我们书上有，《沁园春·雪》哪里有呢？网络上有。教师打开搜索好的《沁园春·雪》网页：

http：//www. lidicity. com/mao/xue. html，呈现词《沁园春·雪》。女生齐读《沁园春·长沙》，男生齐读《沁园春·雪》。

2. 学习诗歌要"知人论世"，才能从更广阔的层面上理解诗歌主旨和感情，《长沙》一词的背景同学们已经了解了，下面请你们上网查找一下《沁园春·雪》这首词的写作背景，并归纳介绍。

——（学生回答，教师将学生打开的网页向全体展示）教师明确：

《沁园春·雪》写于1936年2月。遵义会议确立了毛泽东同志在全党的领导地位。毛泽东同志率长征部队到达陕北之后，领导全党展开了反抗日本帝国主义侵略的伟大斗争。在陕北清涧县，毛泽东同志曾于一场大雪之后攀登到海拔千米、白雪覆盖的塬上视察地形，欣赏"北国风光"，过后写下了这首气吞山河的壮丽诗篇。

3. 指导学生整体把握文意

（1）教师打开录音，要求同学欣赏诵读。根据课本"研讨与练习"第二题，把握该词的文意。学生朗读完后，请一两名学生概括《沁园春·长沙》上下两阕的主要内容，尝试理清这首词的思路层次。

——（学生回答）然后，教师明确，演示上述网页的"课文思路"：上阕写眼前的景物和心中所思——谁主沉浮；下阕追忆往事，表现青年时代的革命精神和远大理想。

教师追问：选取了哪些景物？

学生：山、林、舸、鹰、鱼。

教师板书后追问：这些景物分别有哪些特点，或者呈现怎样的状态？

学生：（万）山——红（遍）   （层）林——（尽）染

（漫）江——碧（透）　　（百）舸——（争）流

鹰——（击）长空　　　鱼——（翔）浅底

教师追踪板书，同时概括特点：

红绿相衬、动静相谐、山水相依、高低有致、远近互现。

好一幅灿烂绚丽的秋景图。

教师追问：借着这样的图景，作者在下阕抒发了什么样的思想情感？

学生：诗人卓尔不群，胸怀壮志，敢为天下先的豪迈气概。

（2）引导同学借鉴《沁园春·长沙》的文意概括方法，把握《沁园春·雪》的文意，尝试理清这首词的思路层次。

——（学生回答）然后，教师明确：上阕写壮丽的北国雪景，纵横千万里，大气磅礴，表达了对祖国大好河山的无限热爱；下阕抒情、议论，评说古代帝王，抒发以天下为己任的豪情。

（四）比较鉴赏，网上查询，拓展提高

从上面的分析来看，我们今天学习的这两首词的思路与层次有一定的相似点，请同学谈谈它们有什么相似点？

——（学生回答）教师明确：情景交融，上阕侧重写景，下阕侧重抒情、议论。

1. 接下来请同学们更深入地比较阅读。结合初中所学的诗词鉴赏知识，将《沁园春·雪》与《沁园春·长沙》比较赏析，分析两首词的写作手法和思想感情的异同点。教师注意肯定和鼓励。

首先，从形式上来看，教师可启发学生从不同角度来谈，比如写作思路、修辞方法、写景顺序、写景的角度。学生讨论并发言，要求结合诗歌具体分析。

其次，从内容上来看，教师启发学生分析两首词思想内容的异同。

2. 通过网络查询《沁园春·长沙》、《沁园春·雪》赏析文章，每人各选择两篇不同的文章来阅读。注意与自己的理解比较，看看自己什么方面想到了，什么方面没有想到，摘抄分析精到的地方，再次分析两首同词牌的词在写作手法和思想感情等方面的异同点，并发言交流。

3. 教师将学生讲述的要点用表格形式呈现给学生，加以明确。

（五）探究学习

根据学生的回答，引导补充探讨造成这些异同的原因（也可留到课后思考）：

（1）《沁园春·长沙》、《沁园春·雪》分别写了秋景和冬景，在词人的笔下，显得生机勃发、绚丽多彩，毫无过去一般旧诗词里的肃杀悲凉、清冷感伤、残酷无情的情调。这说明了什么？

毛泽东是叱咤风云的一代伟人，胸怀大志的政治家。他有博大的胸襟，崇高的风范，奋发向上、永不消沉的乐观性格，不同于那些多愁善感的纤弱的文人。"诗言志，歌咏言"，"一切景语皆情语"。因而，同是"秋"、"冬"，由于胸襟不同、抱负不同、思想境界不同，所选取的景物、着眼点也就不同，所渲染的情绪、抒发的感情也就自然不同。

（2）作者用词这种方式来表达自己的复杂情感，毛泽东选用"沁园春"这一词牌来表达他的那份情感，你觉得二者之间有什么必然联系吗？

这一提问设计暗含着鉴赏词的一个方法性知识，即词的选调与表情的关系。老师引导学生分组讨论交流，最后明确："沁园春"这一词牌与词人的情感是密切相关的，曲调就是感情的旋律。"沁园春"这种慢曲长调的特点是适宜铺张排比，能显示宽容器宇或雍容气度，多用四言偶句作对称格局，并于落脚字递换平仄作为协调音节的主要手段。和谐开展的曲调，最适宜抒写壮阔襟怀，表现恢弘器宇，历来多被豪迈磊落的英雄志士所采用。可见，我们去欣赏一首词的时候，可以从词牌来洞察作者要表达的一种大致的情感，作者用同一词牌不同的韵所表达的情感的异同。

（3）为什么同一词牌，作者却用不同的韵脚？

《沁园春·长沙》押的 ou 韵：头、透、由、游、稠、道、侯、否、舟。《沁园春·雪》押的 ao 韵：飘、涛、高、娆、娇、腰、骚、雕、朝。

ao 韵响而 ou 韵次之。《沁园春·长沙》写于 1925 年，虽然各地农民运动风起云涌，革命形势大好，但毕竟共产党才刚成立，反动势力北洋军阀乃至国民党的力量十分强大，毛泽东在党内的影响力也还很微小，所以这个时候写出来的词相对于 1936 年写的《沁园春·雪》而言，显得没有那么大气磅礴，感情也没有那么波澜壮阔。所以即使是同一词牌不同的韵，它所表达的情感也是不同的，所以我们在鉴赏一首词的时候，从押的韵去把握作者的情感也是一个很重要的鉴赏方法。

（2）完成对《再别康桥》的文本解读，不少于 2 000 字。

第三单元

文学类文本之小说的有效研究与使用技能训练

【训练导言】

一、小说的教学要求

《义务教育语文课程标准（2011年版)》在第四学段才对文学作品有阅读要求：依据小说的文体特征和《义务教育语文课程标准（2011年版)》中的有关教学要求，初中小说教学的基本目标列举如下：

1. 能了解故事梗概，复述故事情节。
2. 能描述小说刻画的主要人物，描述人物特征。
3. 能说出环境描写在小说中的作用。
4. 能抓住细节，分析人物性格。
5. 能初步理解作品的主题。
6. 能结合自己的阅读体验和生活经历，理解作品的时代意义。

梳理《普通高中语文课程标准（实验)》中的必修阶段目标与选修阶段目标，小说教学与散文教学是放在一起表述的，高中小说教学的基本目标列举如下：

必修阶段：
1. 学习鉴赏中外小说，具有积极的鉴赏态度，注重审美体验，陶冶性情，涵养心灵。能感受形象，品味语言，领悟作品的丰富内涵，体会其艺术表现力，有自己的情感体验和思考。努力探索作品中蕴含的民族心理和时代精神，了解人类丰富的社会生活和情感世界。

2. 在阅读鉴赏中，了解小说的基本特征及主要表现手法。了解作品所涉及的有关背景材料，用于分析和理解作品。

选修阶段：

1. 培养阅读古今中外各类小说的兴趣，从优秀的小说作品中吸取思想、感情和艺术的营养，丰富、深化对历史、社会和人生的认识，提高文学修养。

2. 形成良好的文化心态，学会尊重、理解作品所体现的不同时代、不同民族、不同流派风格的文化，理解作品所表现出来的价值判断和审美取向，作出恰当的评价。

3. 学习鉴赏小说的基本方法，初步把握中外小说的艺术特性。注意从不同的角度和层面解读小说作品，提高阅读能力和鉴赏水平。学写小说评论，力求表达出自己的独特感受和新颖见解。

4. 朗诵小说的精彩片段，品味语言，深入领会作品内涵，体验人物的命运遭遇和内心世界，把握人物的性格特征。

5. 尝试对感兴趣的古今中外小说进行比较研究或专题研究。

6. 留心观察社会生活，丰富人生体验，有意识地积累创作素材，尝试创作小说，相互交流。

二、教材中"小说"的整体把握

以人教社高中必修教材为例，对小说文体教学进行整体把握。高中必修教材中，共有两个小说单元。

必修三第一单元是中外小说，包括《林黛玉进贾府》、

《祝福》、《老人与海》。教学要求是：要着重欣赏人物形象，品味小说语言，欣赏人物形象，要注意情节、环境与人物的关系，把握人物性格的多样性和丰富性。品味小说语言，要注意把握叙述语言和人物语言的不同特点，体会人物的身份和性格特征，体会不同作者的不同创作风格。

　　必修五第一单元包括《林教头风雪山神庙》、《装在套子里的人》、《边城》。学习这个单元，要注意把握小说的主题和情节。把握主题，一是要理解作品蕴含的感情，了解作者的意图，二是要从人物、情节、环境这三个方面进行分析。人物性格的刻画往往直接提示主题，情节的发展、矛盾的解决常常表现主题，环境描写对主题一般起烘托、强化的作用。分析情节，要注意情节是怎么展开、发展，直至结局的，矛盾又是怎样解决的。此外，还要注意细节描写，体会小说刻画人物的艺术特色。

【提示】
　　小说是以刻画人物为中心、通过完整的故事情节和具体的环境描写来反映社会生活的一种文学体裁，包括人物、情节和环境三个要素。

三、"小说"的考查形式

例如：2013 年【全国新课标卷】

峡　谷

阿　城

　　山被直着劈开，于是当中有七八里谷地。大约是那刀有些弯，结果谷地中央高出如许，愈近峡口，便愈低。

森森冷气漫出峡口，收掉一身黏汗，近着峡口，倒一株大树，连根拔起，似谷里出了什么不测之事，把大树唬得跑，一跤仰翻在那里。峡顶一线蓝天，深得令人不敢久看。一只鹰在空中移来移去。

峭壁上草木不甚生长，石头生铁般锈着。一块巨石和百十块斗大石头，昏死在峡壁根，一动不动。巨石上伏两只四脚蛇，眼睛眨也不眨，只偶尔吐一下舌芯子，与石头们赛呆。

因有人在峡中走，壁上时时落下些许小石，声音左右荡着升上去。那鹰却忽地不见去向。

顺路上去，有三五人家在高处。临路立一幢石屋，门开着，却像睡觉的人。门口一幅布旗静静垂着。愈近人家，便有稀松的石板垫路。

中午的阳光慢慢挤进峡谷，阴气浮开，地气熏上来，石板有些颤。似乎有了噪音，细听却什么也不响。忍不住干咳一两声，总是自讨没趣。一世界都静着，不要谁来多舌。

走近了，方才辨出布旗上有个藏文字，布色已经晒退，字色也相去不远，随旗沉甸甸地垂着。

忽然峡谷中有一点异响，却不辨来源。往身后寻去，只见来路的峡口有一匹马负一条汉，直腿走来。那马腿移得极密，蹄子踏在土路上，闷闷响成一团。骑手侧着身，并不上下颠。

愈来愈近，一到上坡，马慢下来。骑手轻轻一夹，马上了石板，蹄铁连珠般脆响。马一耸一耸向上走，骑手就一坐一坐随它。蹄声在峡谷中回转，又响又高。那只鹰又出现了，慢慢移来移去。

骑手走过眼前，结结实实一脸黑肉，直鼻紧嘴，细眼高额，眉睫似漆。皮袍裹在身上，胸微敞，露出油灰布衣。手隐在袖中，并不拽缰。藏靴上一层细土，脚尖直翘着。眼睛遇着了，脸一短，肉横着默默一笑，随即复原，似乎咔嚓一响。马直走上去，屁股锦缎一样闪着。

到了布旗下，骑手俯身移下马，将缰绳缚在门前木桩上。马平了脖子立着，甩一甩尾巴，曲一曲前蹄，倒换一下后腿。骑手望望门，那门不算大，骑手似乎比门宽着许多，可拐着腿，左右一晃，竟进去了。

屋里极暗，不辨大小。慢慢就看出有两张粗木桌子，三四把长凳，墙里一条木柜。木柜后面一个肥脸汉子，两眼陷进肉里，渗不出光，双肘支在柜上，似在瞌睡。骑手走近柜台，也不说话，只伸手从胸口掏进去，捉出几张纸币，撒在柜上。肥汉也不瞧那钱，转身进了里屋。少顷拿出一大木碗干肉，一副筷，放在骑手面前的木桌上，又回去舀来一碗酒，顺手把钱划到柜里。

骑手喝一口酒，用袖擦一下嘴。又摸出刀割肉，将肉丢进嘴里，脸上凸起，腮紧紧一缩，又紧紧一缩，就咽了。把帽摘了，放在桌上，一头鬈发沉甸甸慢慢松开。手掌在桌上划一划，就有嚓嚓的声音。手指扇一样散着，一般长短，并不拢，肥汉又端出一碗汤来，放在桌上冒气。

一刻工夫，一碗肉已不见。骑手将嘴啃进酒碗里，一仰头，喉结猛一缩，又缓缓移下来，并不出长气，就喝酒。一时满屋都是喉咙响。

不多时，骑手立起身，把帽捏在手里，脸上蒸出一团热气，向肥汉微微一咧嘴，晃出门外，肥汉梦一样呆着。

阳光已移出峡谷，风又窜来窜去。布旗上下扭着动。马鬃飘起来，马打了一串响鼻。

骑手戴上帽子，正一正，解下缰绳，马就踏起四蹄。骑手翻上去，紧一紧皮袍，用腿一夹，峡谷里响起一片脆响，不多时又闷闷响成一团，越来越小，越来越小。

耳朵一直支着，不信蹄声竟没有了，许久才辨出风声和布旗的响动。

（1）下列对这篇小说有关内容的分析和概括，最恰当的两项是（　　）（　　）

A. 小说开篇描写峡谷，着力突出了它的"险"、"奇"、"静"；对四角蛇的描写，更是以动衬静，十分生动地表现了这些特点。

B. 肥汉"梦一样呆着"，是被骑手喝酒吃肉时的气概，以及酒后不同寻常的动作和表情所震撼，"呆"突出了肥汉的性格特征。

C. 小说文字简洁，注重细节描写。"布旗上有个藏文字"、"藏靴上一层细土"，看似简单的两句话，却巧妙地暗示出人物的身份。

D. 小说擅长人物性格描写，尤其重视人物心理的细腻刻画，经常在人与人、人与景的对比与衬托中，凸显人物丰富复杂的内心世界。

E. 小说以"我"的耳闻目睹为线索，描写神奇的峡谷与质朴的边民，观察细致，笔法老练，用语奇崛，具有艺术风格。

【答案】答 E 3 分，答 C 2 分，答 A 1 分，答 B、D 不给分。回答三项或三项以上，本题不给分。B 项，"'呆'突出了肥汉的性格特征"不对，只能写出他当时的情态；D 项，"尤其重视人物心理的细腻刻画"不对，文中几乎没有心理描写，而侧重人物的表情、动作等的描写。

（2）小说中三次写到鹰，分别表现了什么意图？请简要分析。

【答案】①"一只鹰在空中移来移去"，强化了山谷的荒凉僻静，为骑手的出现提供了独特的背景；②"那鹰却忽地不知去向"，暗示骑手已经到来；③"那鹰又出现了"，空中自由飞翔的鹰与独来独往的骑手相互比照，丰富了骑手的形象内涵。本题考查领悟作品的艺术魅力的能力，能力层级为D级。"鹰"在文中是一个次要形象，作者对其进行描写，其用意是为突出"骑手"这一形象服务。分析时，要结合文中的具体描写来进行，如"一只鹰在空中移来移去"、"那鹰却忽地不知去向"、"那鹰又出现了"等。可以从对环境的烘托与对骑手这一形象的作用两个方面考虑。

（3）小说中的"骑手"有哪些特点？请简要说明。

【答案】①外形：相貌不凡，身体强壮，肌肉结实，有着朴质自然的力与美；②举止：一人一骑，独行于峡谷中，虽山路崎岖，但因骑术高超而从容沉稳；③性情：大口吃肉，大碗喝酒，不拘生活小节，粗犷而有野性。本题考查欣赏作品形象的能力，能力层级为D级。"骑手"是作者着力刻画的人物形象，可以围绕文中的描写及古诗情节的发展进行分析，如写他的出场、外貌、动作、喝酒吃肉等。可以从外形、举止、性格等几个方面分条作答。

（4）小说中的主要人物是骑手，但几乎一半篇幅是在写峡谷。作者为什么这样处理？请结合全文，谈谈你的看法。

【答案】①从在小说中的地位来看，峡谷是作者有意塑造的一个自然形象，与骑手一样具有重要的审美意义，所以峡谷的描写是小说不可缺少的内容；②从形象塑造上看，峡谷是骑手活动的主要空间，所以峡谷的描写对塑造骑手的形象、表现骑手性格起着关键作用；③从艺术表现上看，峡谷的描写，使人与物有机结合，峡谷的原始沉静与骑手的孤独沉默相辅相成，互为比照映衬，产生更好的艺术效果；④从思想内涵上看，峡谷的描写，蕴含着作者对大自然的原始美与生命力的赞叹之情，这不仅丰富了小说的内涵，也使小说的主题更为鲜明。本题考查探讨作者的创作背景和创作意图的能力，能力层级为F级。"峡谷"本身就是一个自然形象，同时它在对骑手性格的塑造、作品的思想内涵及艺术效果表现上都有着十分重要的作用。这类题目具有开放性，意思答对即可，答案不强求一致，只要观点鲜明，理由充分，论述合理，就能得到相应的分数。

【提示】

高考试卷中小说的命题角度主要集中体现在：

（1）评析语句的丰富含义和表现力。

（2）评析人物形象及其艺术魅力。

（3）评析情节设计技巧及其作用。

（4）评析环境描写的语言特色和作用。

（5）对作品进行个性化阅读和解读。

【案例分析】

一、观察案例《我的叔叔于勒》

《我的叔叔于勒》教学设计

一、教学目标

1. 分析语言、行动和心理描写，把握人物形象。

2. 理解文本主旨及作者的创作目的。

3. 认识人物的两面性及金钱对人性的扭曲，培养正确的价值观。

二、教学步骤

1. 导入

萨克斯曲《回家》

2. 点明悲剧

（1）文章以"我的叔叔于勒"为题，那么在这个故事中，于勒最后的结局是怎样的？

（2）能用一个词概括一下于勒叔叔的遭遇吗？

A. 菲利普夫妇

（1）你认为菲利普夫妇对于勒有亲情吗？

（2）读了这些文字，你觉得菲利普夫妇是怎样的人？

（3）关注这个家庭的生活状况，说说菲利普夫妇的另一面。

B. 于勒

（1）有网友评论"于勒年轻时，是个浪荡子。他是这场悲剧的罪魁祸首"。"浪荡子"在文中具体是怎么写的？他后来改变了吗？从什么时候开始改变的呢？

（2）分析于勒的信，说说于勒为何要说谎。

（3）从船长的转述和对于勒的语言描写中，我们又可以看到一个怎样的于勒？

3. 分析造成悲剧的根本原因

（1）金钱社会；（2）人性扭曲。

4. 反思

可悲的仅仅是于勒一个人吗？

（对悲剧产生根源的探究和对人物悲剧命运的反思，可整合到下一环节。）

5. 让悲剧不再上演

（1）这样的悲剧让我们痛心，这样的悲剧能不能不再上演？分析约瑟夫在文中的作用。

（2）补充原文开头和结尾。

6. 总结

播放《回家》。让流浪的人能回家，让流浪的心灵能回家。（建议与导入时的情境相呼应，调动学生兴趣，将课堂学习气氛推向高潮。）

二、案例评析

（1）结合文本和文体特点，点评这个案例。

（2）在点评的基础上，对这个案例进行修改。

【技能训练】

一、训练目标

（1）明确小说文本有效研究与使用技能的基本要求。

（2）掌握小说文本有效研究与使用技能的基本策略。

（3）完成小说文本有效研究与使用技能的检测。

二、训练材料

课内：《我的叔叔于勒》、《故乡》、《祝福》、《林教头风雪山神庙》，课外：《面包》、《喂自己影子吃饭的人》

三、训练任务

（一）明确小说文本有效研究与使用技能的基本要求

小说的解读，要关注小说要素（人物、情节、环境）及其相关的手法，比如人物描写，从人物个体的肖像、表情、动作到相关人物的关系、对话、交互活动等，与这个人物描写相关的有正面描写、侧面描写等。

又如情节有过程性的设计（开端、发展、高潮、结局）、线索性组织（单线、复线、伏线）、详略处理的策略等。

环境包括自然环境、社会环境和人物活动的场所。

（二）掌握小说文本有效研究与使用技能的基本策略

1. 技能要求——梳理故事情节，把握叙事思路

★训练提示

情节是一系列具有前因后果的事件的展开。这些事件展开的过程就是它的运行过程。情节的运行整体上都遵循着发生—发展—高潮—结局这个基本模式。

★训练材料

课内：《我的叔叔于勒》、《祝福》、《林教头风雪山神庙》，课外：《面包》

★训练思路

训练一：

材料《我的叔叔于勒》

（1）阅读《我的叔叔于勒》，用自己的话为于勒写一份个人简历。

于勒：_____

_____

（2）填写于勒的社会活动表。

姓名：于勒	性别：男		年龄：50多岁	籍贯：法国哈佛尔
主要经历	青年时期			
	中年时期			
	老年时期			
社会关系				

（3）菲利普夫妇对于勒的态度有何变化？

开端：_____

发展：_____

高潮：_____

结局：_____

训练二：

梳理《林教头风雪山神庙》的故事情节

序幕：林教头沧州遇旧知

开端：_____

发展：_____

高潮：_____

结局：_____

训练三：

阅读《祝福》，概述祥林嫂的故事

_____

_____

【提示】

故事情节的把握首先是从对自然段的把握开始。

先依据关键句和信息筛选的方法领会各个自然段的大意，这是给文中划分层次的基础。

依据自然段的大意进行合并同类项的工作，将意思相同的段落合并为一层。

审视文化层次，把握内在联系，梳理作者思路。

小说多按照事件的发生和发展顺序来安排材料，形成思路。

★训练拓展

面包

沃尔夫冈·博歇尔特[①]

她突然醒来。两点半。她寻思，为什么会突然醒了。哦，原来是这样！厨房里有人碰了一下椅子。她仔细地听着厨房里的声音。寂静无声。太安静了，她用手摸了一下身边的床，发现是空的。这就是为什么如此特别安静的原因了——没有他的呼吸声。她起床，摸索着经过漆黑的房间来到厨房。在厨房两人相遇了。表针指着两点半。她看到橱柜边上有个白的东西。她打开灯。两人各穿衬衣相对而立。深夜。两点半。在厨房里。

在厨房餐桌上是一个盛面包的盘子。她知道，他切过了面包。小刀还放在盘子旁边。桌布上留下了面包屑。每晚他们就寝时，她总把桌布弄干净的。每天晚上如此。然而现在桌布上有面包屑，而且小刀还在那里。她感到地上的凉气慢慢地传到她身上。她转过头来不再看盘子了。

"我还以为这里出什么事了。"他说，并环视一下厨房四周。

"我也听到了什么。"她回答，这时她发现，他夜晚穿着衬衣看起来真是老了。跟他年龄一样老了，六十三岁。白天他看起来还年轻些。她看起来已经老了，他在想，穿着衬衣的她看起来相当老了。不过也许是头发的原因。夜里女人显老总是表现在头发上。头发使人一下变老了。

"你应该穿上鞋子的。这样光着脚在冷地上你会着凉的。"

她没有注视他，因为她不愿意忍受他在撒谎。他们结婚三十九年之后他现在撒谎了。

"我原以为这里有什么事。"他又说了一遍，又推动了自制，把视线从一个角落移到另一个角落。

"我也听到了什么。于是我想，这里出了什么事了。"

"我也听见了。不过，大概什么事也没有。"

她从桌上拿起盘子，并用手指弹去桌布上的面包屑。

"没有。大概没什么事。"听到他不安地在说。

她赶紧帮他说："过来，大概是外面有什么事。"

"走，睡觉去。站在冷地上你会着凉的。"

他向窗户望去。"是的，一定是外面出了点什么事。我还以为是在这里。"

她把手伸向电灯开关。我必须现在就关灯，否则我必定还会去瞧盘子的，她想。我不能再去瞧那个盘子。"过来，"她说，同时把灯关灭。"这大概是外面有什么事，刮风时檐槽常常碰墙壁。这肯定是檐槽之故。刮风时它总是哗哗乱响。"

两个摸着走过黑黢黢的过道来到卧室。两双光脚在地板上拍击作响。

"是有风，"他说，"已经刮了一整夜了。"当她睡在床上时，她说："是的，刮了一夜的风。刚才大概就是檐槽在响。"

"是呀，我刚才还以为是在厨房里。大概就是檐槽吧。"他说着话，仿佛已沉入半睡中。

她注意到，当他撒谎时，声音多假。

"真冷，"她说，并轻声地打着哈欠。"我可钻被窝了，晚安。"

"晚安。"他回答，又说了一句，"是呀，可真冷啊。"

随后就是寂静无声。许多分钟后她听到，他在小心、轻声咀嚼。她故意深沉又均匀地呼吸，使他不致发觉，她尚未入睡。然而他的咀嚼节奏均匀，倒使她慢慢进入了梦乡了。

当他第二天晚上回家时，她分给他四片面包；平时他只有三片。

"你可以慢慢吃，吃四片。"她说着离开了餐桌。"我吃这面包消化不了。你多吃一片吧。我消化不好。"

她注意到，他把头深深埋在盘子上。他没有抬跟头。就在此刻她对他非常同情。

"你可不能只吃两片面包。"他对着盘子在说。

"够了。晚上我吃面包消化不好。你多吃吧，吃吧！"

过了一会儿，她才又坐在桌旁的灯下。

（选自《外国短篇小说百年精华》，包智星译）

［注］①沃尔夫冈·博歇尔特：西德废墟文学的先驱和重要代表作家。小说《面包》写的是"一战"后人们在饥荒处境中的生活。

请概括小说的主要情节。

_____

_____

2. 技能要求——品味关键细节，分析人物形象

★训练提示

小说中的细节具有极强的表现力，对情节、人物起到画龙点睛的作用。

★训练材料

课内：《我的叔叔于勒》、《故乡》、《林教头风雪山神庙》，课外：《喂自己影子吃饭的人》

★训练思路

训练一：

材料《我的叔叔于勒》

（1）画出文中菲利普夫妇对于勒称呼的词语，说一说在亲人眼里于勒是怎样的一个人？

_____

_____

（2）为什么菲利普夫妇一会儿说于勒是好人，一会儿又说他是坏蛋？思考菲利普夫妇为什么会改变对于勒的称呼？

_____

_____

（3）回答下列问题，说说菲利普夫妇是怎样的人？

A. "哎！如果于勒竟在这只船上，那会叫人多么惊喜啊！"这句话在文中出现多次，反映了菲利普夫妇怎样的心理？

_____

_____

B. 当见到于勒的时候，菲利普夫妇说话变得"结结巴巴"和"吞吞吐吐"，他们为什么会变成这样？

_____

_____

C. 关注这个家庭的生活状况，说说菲利普夫妇的另一面。

_____

_____

训练二：

材料《故乡》

（1）闰土和杨二嫂这两个人物二十年前和二十年后在外貌、动作、神态以及对我的态度这几个方面发生了什么变化？请填在下表中。

	外貌	动作	神态	对我的态度
闰土				
杨二嫂				

(2) 请概括这两个人物的性格

闰土： _____

杨二嫂： _____

训练三：

材料《林教头风雪山神庙》

这一课的风雪描写作为环境描写对刻画人物、推动情节发展起到一定的作用。

(1) 阅读课文，找出课文中描写雪的句子。

_____

_____

(2) 这些环境描写的作用又是如何具体体现的。

_____

_____

_____

【提示】

人物的性格在情节的发展中不断完善，情节影响人物性格的发展，但人物性格决定着情节的发展。

小说描写人物的方法有很多，肖像描写、语言描写、行动描写、心理描写。

★训练拓展

(1) 阅读沃尔夫冈·博歇尔特的小说《面包》，说说下面这三句话分别表现了丈夫怎样的心理？

①"我还以为这里出什么事了。"他说，并环视一下厨房四周。

②"我原以为这里有什么事。"他又说了一遍，又推动了自制，把视线从一个角落移到另一个角落。

③他把头深深埋在盘子上。他没有摔跟头。

_____

_____

（2）阅读阿根廷作家莱·巴尔莱塔的小说《喂自己影子吃饭的人》，简要分析小说主人公马里诺这一形象的特点。

　　晚饭时，饭店里走进一位高个儿，面容和蔼，脸上的笑容矜持而又惨淡。

　　他风度翩翩走上前台，朗声说道：

　　"诸位，敝人十分愿意应邀在此介绍一种奇迹，迄今无人能窥见其奥妙。近年来，敝人深入自己影子的心灵，努力探索其需求和爱好。兄弟十分愿意把来龙去脉演述一番，以报答诸位的美意。请看！我至亲至诚的终身伴侣——我的影子的实际存在。"

　　在半明半暗的灯光中，他走近墙壁，修长的身影清晰地投射在墙上。全厅鸦雀无声，人们一个个伸长脖子，争看究竟。他像要放飞一只鸽子似的，双手合拢报幕：

　　"骑士跳栏！"

　　骑士模样的形状在墙上蹦了一下。

　　"玉兔食菜！"

　　顿时，出现一只兔子在啃白菜。

　　"山羊爬坡！"

　　果然，山羊模样的影子开始步履艰难地爬一个陡坡。

　　"现在我要让这昙花一现的形象具有独立的生命，向大家揭示一个无声的新世界。"

　　说完，他从墙壁旁走开，影子却魔术般地越拉越长，直顶到天花板上。

"诸位，为了使影子能脱离我而独立生活，敝人进行过孜孜不倦的研究。我只要对它稍加吩咐，它就会具有生命的各种特征……甚至还会吃东西！我马上给诸位表演一番。诸位给我的影子吃些什么呢？"

一个炸雷般的声音回答说：

"给，给它吃这块火鸡肉冻。"

一阵哄堂大笑。他伸手接过递来的菜盘，走近墙壁。他的影子随即自如地从天花板上缩了回来，几乎贴近他的身子。人们看得清清楚楚，他的身子并未挪动，那影子却将纤细的双手伸向盘子，小心翼翼地抄起那块肉，送到嘴里，嚼着，吞着……

"简直太神了！"

"嗯，你信吗？"

"天哪！夫人，我可不是三岁的小孩！"

"可是，您总不会否认这把戏确实很妙，是吗？"

"给它这块鸡脯。"

"梨！看着它如何吃梨一定妙不可言。"

"很好。诸位，现在先吃鸡脯。噢，劳驾哪位递给我一条餐巾？谢谢！"

所有人都兴致勃勃地加入了这场娱乐。

"再给它吃点饼，你这影子可有点干瘦呵！"

"喂，机灵鬼，你的影子喝酒不？给它这杯酒，喝了可以解愁。"

"哎哟，我笑得实在受不了喽。"

那影子又吃又喝，泰然自若。不久，那人把灯全部打开，神情冷漠而忧郁，脸色显得格外苍白。他一本正经地说道：

"诸位，敝人深知这般玄妙的实验颇易惹人嘲讽、怀疑，但这无关紧要。总有一天，这项旨在使自己的影子独立于本人的实验，必将得到公认和奖励。临走前，敬请凡有疑问者前来搜一下敝人的衣服，以便确信我绝没有藏匿任何物品。诸位的慷慨惠赠，无一不为我影子所食。这如同敝人叫巴龙·卡米洛·弗莱切一样千真万确。十分感谢，祝大家吃好，晚安！"

"见鬼去吧！"

"谁要搜你的身子！"

"幻术玩够了吧，来点音乐吧！"

卡米洛·弗莱切，真名叫胡安·马里诺，他面朝三方，各鞠了个躬，神态庄重地退出了餐厅。穿过花园时，突然有人一把抓住他的胳膊。

"你给我滚！"警察厉声吼道，"下次再看到你，就让你和你的影子统统蹲到警察局过夜去。"

他低下头，慢慢地走出去。拐过街角，他才稍稍挺直身子，加快脚步回家。

"你不回来，小家伙们不愿睡，他们可真累人呵！"

两个金发的孩子在一旁玩耍着，兴高采烈地迎接他。

小姑娘走过来，缓声问道：

"带回来什么没有？"

他没吱声，从衣服里掏出一方叠好的餐巾，从里面取出一块鸡脯，几块饼，还有两把银质钥匙。

她把食物切成小块，放在盘里同她的两个兄弟吃了起来。

"你不想吃点什么？爸爸。"

"不，"他头也不回地说道，"你们吃吧，我已经吃过了。"

马里诺面朝窗子坐下来，茫然失神地凝望着沉睡中城市的屋脊，琢磨着明天该去哪里表演他的奇迹……

3. 技能要求——探索主题思想，整体鉴赏评价

★训练提示

小说的主题是在对材料的客观描绘、隐喻、象征中暗示出来的，有多种可能，所以小说的主题是多样的。读者要在人物与背景、命运与现实的描绘中品味、捉摸和把握细节描写，体会作者的意图。

★训练材料

课内：《我的叔叔于勒》、《故乡》、《祝福》、《林教头风雪山神庙》，课外：《面包》、《喂自己影子吃饭的人》

★训练思路

训练一：

阅读《我的叔叔于勒》，探究主旨，反思悲剧成因。

（1）可悲的仅仅是于勒一个人吗？分析造成悲剧的根本原因。

_____

_____

（2）这样的悲剧让我们痛心，这样的悲剧是不是也正发生在我们的身边？能否举例说明。

_____

_____

训练二：

阅读《故乡》

（1）是什么原因导致了故乡的萧索、破败，故乡人的麻木、恣睢呢？

_____

_____

训练三：

阅读《祝福》

（1）哪些人对祥林嫂的死应该负责任？

_____

_____

（2）谁是最主要的"凶手"？

_____

_____

（3）导致祥林嫂死亡的根本原因是什么？

_____

_____

（4）祥林嫂有没有抗争精神？

_____

_____

（5）祥林嫂最大的追求是什么？

_____

_____

_____

训练四：

阅读《林教头风雪山神庙》

（1）"逼上梁山"指的是被压迫的人们不得不反抗的事情。阅读《水浒传》相关章回，谈谈林冲在恶势力的逼迫下，由安分守己到上山聚义的心理变化过程。

_____

_____

【提示】

探索主题思想，整体鉴赏评价都是以准确理解文本为前提，在理解文本的基础上，学生调动积累，对文本的思想主旨、艺术特色进行阐释，表达自己的感悟和思考。

★训练拓展

(1) 小说《面包》的主题是什么？请结合全文分析。

_____

_____

(2) 小说《喂自己影子吃饭的人》前半部分侧重写马里诺的影子表演，后半部分侧重写马里诺的现实生活。作者这样安排有什么用意？请结合全文，谈谈你的看法。

_____

_____

（三）完成小说文本有效研究与使用技能的检测

(1) 点评《林教头风雪山神庙》这篇案例，在点评的基础上完成一篇自己的教学设计并进行说明。

林教头风雪山神庙

一、教学目标

知识与能力：

1. 学习本文通过人物的语言、行动、心理来塑造人物的描写方法。

2. 学习本文运用景物描写来渲染气氛，烘托人物，深化主题的表现方法。

过程与方法：

1. 把握情节，理解林冲由逆来顺受到奋起抗争的思想性格转变过程。

2. 引导学生通过把握重点词语品味赏析，体会本文中"风雪"描写的作用。

情感态度与价值观：

1. 了解作品当中映射的封建社会"官逼民反"的思想。

2. 学习鉴赏、品味、感悟语言。

二、教学重点

鉴赏景物描写，并体会其推动情节、渲染气氛、刻画形象的重要作用。

三、教学难点

引导学生关注语言、品味细节，引导学生从环境描写中分析人物性格。

四、教学步骤

（一）导入

在小说三要素中，环境描写对情节发展、人物性格塑造起着举足轻重的作用。以《祝福》一课的四场飞雪的环境描写为例：

1. 天色愈阴暗了，下午竟又下起雪来，雪花大的有梅花那么大，满天飞舞，夹着烟霭和忙碌的气色，将鲁镇乱成一团糟。

2. 雪花落在积得厚厚的雪褥上面，听去似乎瑟瑟有声，使人更加感到沉寂。

3. "微雪点点地下来了"和"祥林嫂似乎很局促了，立刻敛了笑容，旋转眼光，自去看雪花"。

4. 远处的爆竹连绵不断，似乎合成一天音响的浓云，夹着团团飞舞的雪花，拥抱了全市镇。

教师明确：以上四处飞雪描写很有利地渲染了环境的悲凉气氛，烘托了人物悲惨的命运。

《林教头风雪山神庙》这一课的风雪描写作为环境描写同样对刻画人物、推动情节发展起到一定的作用。看看课文对风雪有哪些描写，这些环境描写的作用又是如何具体体现的。

（二）讲授新知

教师简单讲授环境描写中的直接描写和间接描写两种方法，间接描写以《孔乙己》为例：

中秋之后，秋风是一天凉比一天，看看将近初冬；我整天靠着火，也须穿上棉袄了。

（强调：通过别的事物或别人的感觉来衬托描写对象）

（三）赏析文中直接描写大风雪的语句

学生交流之后，教师明确：

1. 正是严冬天气，彤云密布，朔风渐起，却早纷纷扬扬卷下一天大雪来。

2. 雪地里踏着碎琼乱玉，迤逦背着北风而行。那雪正下得紧。

3. 便出篱笆门，依旧迎着朔风回来。看那雪，到晚越下得紧了。

针对三个句子，教师设问如下：

从三处风雪描写中可以看出当时的环境有什么特点？

此时此地的林冲又是怎样的境况？

哪些词语很好地体现了以上的作用，具体是如何体现的？

讨论、交流、明确：

（此处是学生理解上的难点，教师做适当引导分析）

教师补充：鲁迅先生和金圣叹对此处"紧"用词精妙的评论。鲁迅先生在《花边文学·大雪纷飞》中曾说："《水浒传》里的一句'那雪正下得紧'，就是接近现代的大众语的说法，比'大雪纷飞'多两个字，但那'神韵'却好得远了。"

金圣叹则评价"写得妙绝"。

以上问题重点引导学生从环境描写渲染气氛、烘托人物形象、暗示情节发展上来进行分析。

小结：

作者巧妙地抓住了下雪各个阶段的不同特征，用准确、简练的语言，恰当地表现出"风大雪紧"的天气特点，使读者如临其境。

（2）参照下面这篇对《宝玉挨打》的解读分析，任选一篇小说，对小说的主题、人物进行解读，不少于2 000字。

宝玉挨打

安徽宣城中学 邓形

"宝玉挨打"是《红楼梦》中的一出重头戏。

"严父教子"，这在传统中国家庭中屡见不鲜的情景，在曹雪芹天才的笔下却写得那样波澜起伏、曲折有致，写得如此错综复杂、精彩纷呈，令人叹为观止。"宝玉挨打"一节在情节结构的布局上，人物形象的塑造上，思想感情的表达上，都具有很高的水准。

挨打的原因很多。情节如此错综复杂，但叙述得却是层次分明，有条不紊。挨打的冲击波还一直延续到第七十四回，为后来抄检大观园种下了根苗。

在这一事件中，每一个人物都有精彩表现。贾政先是"喘吁吁直挺挺坐在椅子上，泪流满面"，后是"又急又痛、泪如滚珠、心灰不已"；王夫人是哭诉哀告；老太太是颤巍巍声色俱厉；李纨则抑制不住放声大哭；凤姐在一片忙乱中仍不失干练周到；袭人是满心委屈；还有下回宝钗罕见的真情流露，黛玉的"气断声吞"，无一不是诸人个性的体现。

写人物，写场面，写矛盾，每一处均使人如临其境，的确是神来之笔。

这一件小小的家庭冲突，宛如一个全息细胞，几乎包含了《红楼梦》这部巨著中的所有重要信息，折射出多少动人的光彩！

且让我们细细品味一番。

一、从事件缘起看思想的对立与家族的矛盾

起因之一：一个夏日的午间，湘云与小丫鬟翠缕前往怡红院找袭人。在宁静的大观园里，主仆二人轻松愉快地谈论着"阴阳"二气，又捡了个文彩辉煌的金麒麟。在怡红院湘云又与袭人叙起了家常。本来这是一个十分悠然的午间，不料，贾雨村的造访破坏了这一美好氛围，引发了宝玉的一番人生观、价值观的议论。在这里，宝玉和黛玉共同的志趣，宝钗、袭人、湘云完全认同现实，符合主流观念的思想特点得到了充分的体现。宝玉一句"林姑娘从来说过这些混账话不曾？若她也说过这些混账话，我早和她生分了"，引得黛玉百感交集，感慨万端。

你不能不佩服曹雪芹化腐朽为神奇的大家手笔：一桩极为普通的会客事件，居然立刻使得小说人物的思想得到充分展现，使小说主题得以扩展深化。

两种人生观、价值观的冲突立刻显现出来了。

而这不正是贾政始终为之痛心疾首的吗？

果然，正是这种"不通庶务、怕读文章"，厌恶"仕途经济"的心态，使得宝玉在见了贾雨村之后"全无一点慷慨挥洒谈吐，仍是葳葳蕤蕤"，令贾政大为不满。这是宝玉挨打的最初起因。

起因之二：三十回中，宝玉与金钏儿调笑被王夫人发觉，王夫人大怒，不顾金钏儿哭求立刻把她撵了出去，金钏儿含羞忍辱，投井自尽。金钏儿之死，是宝玉挨打的重要原因。由于金钏儿之死，宝玉五内摧伤，唉声叹气，"恨不得此时也身亡命殒，跟了金钏儿去"。（整个贾府中，除了金钏儿家人以外，对金钏儿之死抱以极大悲痛的也就只有宝玉了）这样的精神状态，就使得贾政"原本无气的，这一来倒生了三分气"。

起因之三：琪官事件。这是宝玉挨打的决定性因素。宝玉与琪官蒋玉菡在酒席上一见如故并互赠了汗巾，而且两人过从甚密，似乎也从不避人，忠顺王府的长史官所说的"这一城内，十停人倒有八停人都说，他近日和衔玉的那位令郎相与甚厚"似乎也不是信口开河。因此，当琪官在王府里"突然蒸发"不见踪迹，怎能不令人怀疑宝玉与此大有干系？当贾政得知此事，深知得罪王爷的严重后果，其内心的震撼可想而知！所以，宝玉无论如何也难逃此劫了。

起因之四：贾环进谗。真是祸不单行，正当宝玉岌岌可危之际，贾环为免去父亲的责打，抓住机会，变被动为主动，变辩解为进谗，乘机给宝玉"下了蛆"。这一招击中了要害，使得贾政立刻失去了理智。这一回合中，贾环取得了完全的胜利，嫡庶之争的冲突又一次展开。所以，这次宝玉挨打又是贾府内部不同利益集团间尖锐冲突的必然结果。事出于偶然，但情属于必然。

二、从心态看人物的性格与身份地位之差异

A. 贾政　贾政是这一事件的主角。他在这一章节中充分展示了自己鲜明的性格，其情感的演进写得层次清晰、脉络分明。

起初，贾政心中仅仅是因为宝玉精神状态不佳"生了三分气"，而当得知琪官之事后则是"又惊又气、目瞪口歪"，待到贾环进谗后，更是"气得面如金纸"、"泪流满面"，见了宝玉"眼都红了"。作为父亲，贾政此时"恨铁不成钢"的心态展露无遗；而王夫人的一番哭诉又令贾政"长叹一声，泪如雨下"，这是贾政夫妻之情的真实流露；当老太太颤巍巍厉声斥责时，贾政又是"躬身赔笑"，又是"含泪下跪"。总之，在这里，贾政为人父、为人夫、为人子的三重角色特点都体现得十分鲜明，令人感动。

贾政是个迂腐方正的人。在贾府的诸位老爷中，只有贾政还算正直端方，只有他还能够坚守封建正统道德。他虔诚地信奉这种道德并且要求自己的儿子也要严格尊奉。他对宝玉的毒打完完全全是这一心态促使。宝玉挨打实质是两种价值观冲突的必然结果：家族寄厚望于宝玉，希望他能够"克己复礼"、重振家业，而宝玉则一意率性而行，视功名利禄如粪土，这是无法调和的冲突，激化的结果就是一顿严厉的责打。在这一事件中，贾政表现得是一身正气，王夫人与贾母实际上也是支持贾政的，她们在大方向上和贾政是一致的，只是反对贾政所采取的极端做法。作为一个对孩子寄予厚望的父亲，眼看儿子一意孤行，不断地向着"危险的道路上滑去"，而自己除了痛打儿子一顿以外就毫无办法，你说他心中会是什么滋味？

贾政其实挺可怜的。

此外，作者在文中三言两语提及的人物也都形神毕肖。

B. 李纨 当王夫人抱着宝玉哭喊着已故的长子贾珠的时候，一向如同槁木死灰从不动情的李纨也"禁不住放声哭了"。李纨之哭，极合情理，让人感受到她内心长期压抑的辛酸和苦楚。谁说她心如枯井？她只是将情感压进了心底而已。李纨的一声痛哭，使我们对她的理解更进了一层。

C. 王熙凤　凤姐始终精明能干，想得硬是比别人周到。当众人要挽宝玉回去时，是凤姐临乱不惊、布置妥当："糊涂东西，也不睁开眼瞧瞧！打的这么个样儿，还要挽着走！还不快进去把那藤屉子春凳抬出来呢。"

此外，袭人、王夫人、贾母诸人的反应都是恰如其分、合情合理的，他们的一言一行都是各自身份、性格的必然体现，在这一事件中人人都充分展示了自我。

三、从余波看性格的丰富与情节、主题的走向

宝玉挨打之后，惊涛骇浪转化为潺潺溪流，故事余韵袅袅，动人心弦。在这一事件里，有几位人物的言行尤其值得细细品味。

A. 宝钗　宝钗总是能够在发生重大事件后在最短的时间里赶到现场。金钏儿死后她也是第一个赶到王夫人处去安慰王夫人的。宝玉挨打，她也是第一个前去探望。这虽然免不了带有"做人"的成分，但这次宝钗做得确实让人感动，让人喜爱。你看，"只见宝钗手里托着一丸药走进来"。一个"托"字，把宝钗那种郑重端庄性格完全写出。宝钗做人做事向来考虑周到。前来探望宝玉她也要做得冠冕堂皇，"师出有名"——专程前来送药，这是多么合情合理的理由，任何人对此都不会有什么非议。而宝钗此时的神态也是那么让人怜爱。

宝钗见他睁开眼说话，不像先时，心中也宽慰了好些，便点头叹道："早听人一句话，也不至今日。别说老太太、太太心疼，就是我们看着，心里也疼。"刚说了半句又忙咽住，自悔说的话急了，不觉就红了脸，低下头来。宝玉听得这话如此亲切稠密，大有深意，忽见她又咽住不往下说，红了脸，低下头只管弄衣带，那一种娇羞怯怯，非可形容得出者……

这时的宝钗让宝玉感动，也令读者喜爱。这时读者才感觉

到，原来宝姑娘心中也是如此深情款款，也有一种让人感动的极柔软的东西在，只可惜由于平素过于克制自己，不轻易使这种美好的情愫形于色而已。

B. 黛玉　黛玉与宝钗迥然不同。她来探望宝玉，没有任何道具，也不需要任何道具，她只是带着一颗心来。当宝玉从梦中惊醒过来时：

恍恍惚惚听得有人悲戚之声……睁眼一看，不是别人，却是林黛玉……只见两个眼睛肿得桃儿一般，满面泪光……此时林黛玉虽不是号啕大哭，然越是这等无声之泣，气噎喉堵，更觉得厉害……心中虽然有万句言语，只是不能说得，半日，方抽抽噎噎地说道："你从此可都改了罢！"

这番哭，毫无功利之心，是全然发自内心的纯粹的真情，是心灵之声的自然流露。此时的宝玉有福了。

人生倘能享受片刻这般爱的温馨，死亦何憾！

这次探望之后，宝玉随即给黛玉送去了两条半新不旧的手帕子，黛玉大为感动，遂有"题帕定情"之举，从此，宝黛之间再也没有发生吵架赌气之类的事。爱情，这美妙的爱情终于从朦胧走向清晰，从猜疑走向信任，一个崭新的爱的境界出现了。

C. 袭人　袭人是宝玉最忠实的丫鬟，她对宝玉的忠心无可怀疑。当宝玉挨打风波渐渐平定后，袭人正暗暗进行一个巨大的战略部署。

当王夫人使个婆子来，口称"太太叫一个跟二爷的人呢"之际，"袭人见说，想了一想"，就自己去了。她究竟想了些什么呢？作者虽未明言，但根据后文我们可以约略猜测得到：依据当时的情形，王夫人极有可能向她询问宝玉挨打的前因后果。但是，该怎么说？什么时候说？什么该说？什么不该说？

这些都不能马虎。袭人这"一想",真是大不简单啊!

到了王夫人处,王夫人说"你不管叫个谁来也罢了",显然并没有打算与袭人交谈。在说了一番关于宝玉伤势的话后,王夫人并没有提及什么实质性的话题。这时袭人自然不能擅自越位主动反映。而当袭人将走,王夫人突然想起并专门问起宝玉挨打的缘由时,袭人的回答就非常有分寸了。她是有备而来的。贾环进谗之事,袭人可以对宝玉说,但是绝对不敢对王夫人说,因为她深知宝玉的为人,也知道事关两位主人两条路线的斗争,如果把自己摆进主子争斗的漩涡中去,最终被碾碎的只能是她自己。于是,袭人转移了话题,单纯从为宝玉考虑,为宝玉着想的角度向王夫人进言,不涉及任何一方的矛盾,献出的只是一片忠心。这一番话,使得王夫人心头如"雷轰电掣一般,心下越发感爱袭人不尽"。这一番话,从此奠定了袭人的身份地位,这一番话,又为后来抄检大观园埋下了一根巨大的导火索!

D. 宝玉　宝玉是这一事件中的焦点人物。他虽然挨了贾政的痛打,但丝毫没有改变自己的追求和志趣。肉体的痛苦并没有抑制他精神上的自由,反而为自己因此得到众姐妹的眼泪而大感快慰:

(宝玉)心中大畅,将疼痛早丢在九霄云外,心中自思:"我不过挨了几下打,他们一个个就有这些怜惜悲感之态露出,令人可玩可观,可怜可敬。假若我一时竟遭殃横死,他们还不知是何等悲感呢!既是他们这样,我便一时死了,得他们如此,一生事业纵然尽付东流,亦无足叹惜,冥冥之中若不怡然自得,亦可谓糊涂鬼祟矣。"

这就是宝玉。

此番挨打,又使宝玉与黛玉的感情更进了一步。他躺在病床上给黛玉送去了两条半新不旧的手帕，令黛玉神魂驰荡。宝黛之间已然达到灵犀一点、心心相印的地步了，两人的感情已不再是两小无猜的嗔嗔喜喜，而是生死相托的性质了。

此番挨打，又为宝玉的个性伸张腾出了一个巨大的空间。此后，贾母、王夫人可以名正言顺地让宝玉在大观园中好生将息，宝玉也可以理直气壮地纵情张扬着自己的性情。

这次挨打，大长了宝玉的志气，大灭了贾政的威风。从此，宝玉优哉游哉又有了更大的自由空间。

真正是"祸兮福所倚"。

一桩小小的家庭冲突，居然就包含如此深刻的内涵，浓缩如此丰富的信息。

这就是曹雪芹。

这就是《红楼梦》。

第四单元

实用类文本的有效研究与
使用技能训练

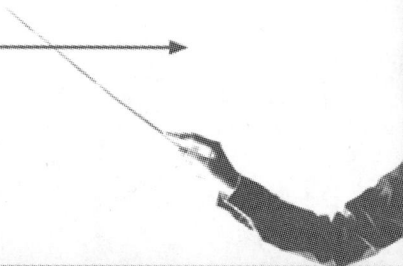

【训练导言】

一、实用类文本的教学要求

《义务教育语文课程标准（2011 年版）》从第三学段开始，出现了与文体相关的阅读目标。其中说明性文章、议论文、新闻报道、科技文、日常应用文都可归为实用类文章。简单的议论文放在了实用类文章中。实用类文章的基本目标列举如下：

1. 阅读说明性文章，能抓住要点，了解文章的基本说明方法。

2. 阅读新闻和说明性文章，能把握文章的基本观点，获取主要信息。

3. 阅读简单的议论文、区分观点与材料（道理、事实、数据、图表等），发现观点与材料之间的联系，并通过自己的思考，作出判断。

4. 阅读科技作品，还应注意领会作品中所体现的科学精神和科学思想方法。

5. 阅读简单的非连续性文本，能从图文等此类组合中找出有价值的信息。

6. 阅读有多种材料组合，较为负责的非连续性文本，能领会文本的意思，得出有意义的结论。

《普通高中语文课程标准（实验）》中把文本分为论述类、实用类、文学类等多种文本，论述类和实用类分开表述。实用类文本包括自然科学说明文、人物传记、新闻通讯等。《普通高中语文课程标准（实验）》中没有专门针对实用类这一类文本提出可操作的阅读要求，但对实用类文本中的新闻和应用文教学提出了要求：

必修阶段：

1. 发展独立阅读的能力。从整体上把握文本内容，理清思路，概括要点，理解文本所表达的思想、观点和感情。善于发现问题、提出问题，对文本能作出自己的分析判断，努力从不同的角度和层面进行阐发、评价和质疑。根据语境揣摩语句含义，运用所学的语文知识，帮助理解结构复杂、含义丰富的语句，体会精彩语句的表现力。

2. 能阅读论述类、实用类、文学类等多种文本。根据不同的阅读目的，针对不同的阅读材料，灵活运用精读、略读、浏览、速读等阅读方法，提高阅读效率。

选修阶段：

1. 养成阅读新闻的习惯，关心国内外大事及社会生活，能迅速、准确地捕捉基本信息，就所涉及的事件和观点作出自己的评判。

2. 阅读新闻、通讯（包括特写、报告文学等）作品，了解其社会功用、体裁特点和构成要素，把握语言特色。

3. 广泛搜集资料，根据表达需要和体裁要求，对资料进行核实、筛选、提炼，尝试新闻、通讯的写作。

4. 阅读古今中外的人物传记、回忆录等作品，能把握基本事实，了解传记主人的人生轨迹，从中获得有益的人生启示，并形成有一定深度的思考和判断。

5. 认识传记作品的基本特性，尝试人物传记的写作。

二、教材中实用类文本的整体把握

以人教社版教材中的新闻为例。

初中新闻教学要求：

（1）能说出新闻的基本特点——短、新、快；能分析具体文章是如何体现这三个特点的。

（2）能依据具体的新闻篇目说出新闻的结构与其他文章结构上的差异（倒金字塔结构），并能指出一篇新闻中的各个结构（电头、标题、导语、主体、结语与背景）。

（3）能说出新闻的叙事方法与一般叙述性文章的差异。

（4）能对各类媒体（报纸、网页、电视播报）上的新闻，按浏览、略读与精读进行分类，并用浏览、略读与精读等方法进行阅读和做摘要笔记。

高中新闻单元教学要求：

（1）了解新闻事件，分析新闻事实与新闻背景，获取新闻背后所隐藏的信息。

（2）理解内涵深刻的语句，准确把握语句所传达的情感。

（3）辨析客观叙述与主观评价，理性思考，形成自己对新闻事件的评判。

【提示】

阅读实用类文本中的新闻，应引导学生注意材料的来源与真实性、事实与观点的关系、基本事件与典型细节、文本的价值取向与实用效果等。

三、"实用类文本"的考查形式

中考试卷中实用类文章的考查以对说明文的阅读考查为主。

例如：2013 年【北京卷】

①虚拟性是京剧艺术的重要特征之一，也是京剧艺术表现生活的基本手法。京剧的虚拟性表演是指演员在舞台上模拟生活实际进行的表演。

②大幕拉开，面积不大的京剧舞台上，除了一张桌子和两把椅子之外，再没有别的道具，只有等演员出场了，你才能通过演员的表演，知道这舞台上将要发生什么故事。演员通过虚拟性的表演，既可以呼风唤雨，也可以把白昼变为黑夜；既可以把几天甚至几年的时间压缩为几分钟，也可以把几秒钟的心理活动延展为几十分钟；既可以展现千军万马的战争场面，也可以在转瞬之间跨越万水千山。这种虚拟性表演，能够在有限的时空里表现不同时空的人物和事件。

③京剧演员的表演力图虚拟现实生活的情境，如以划桨虚拟行船，以摸索虚拟夜间的行为，以打更表示时间的变化等。《武松打店》是一出武戏，说的是武松夜宿孙二娘的客店，因为误会，与孙二娘在黑夜中展开了一场搏斗。舞台上灯火通明，只摆着一张桌子，两位演员摸索着闪转腾挪、追逐厮杀，有时近在咫尺却浑然不觉，分明是灯火通明的舞台，观众却从演员的表演中感觉到，这是一场在伸手不见五指的黑夜里紧张激烈的搏斗。

④需要指出的是，京剧演员的虚拟性表演必须来源于现实生活。前辈艺人于连泉演《拾玉镯》，为了在舞台上更好地模

拟少女喂小鸡和做针线活儿的动作，他认真观察生活中少女喂鸡的手势、眼神，反复琢磨她们做针线活儿的过程，这使他的表演达到了以假乱真的程度。当然，这种虚拟性表演不完全是生活中的真实，而是经过加工的艺术的真实，演员的动作必须是舞蹈化、节奏化的。

⑤京剧的虚拟性，既给观众带来了真实的感觉，也使观众获得了美的享受。

（1）京剧的虚拟性表演与现实生活的关系是怎样的？（3分）答＿＿＿＿＿＿＿＿＿＿＿＿＿

【答案】

①虚拟性表演来源于现实生活，必须符合现实生活。

②京剧演员要深入地了解生活，亲身去体验、认真去观察生活。

③经过艺术加工，演员动作舞蹈化、节奏化。

（2）阅读下列材料，说说演员的表演是如何体现京剧的虚拟性的。

京剧有一出戏叫《秋江》，说的是一位少女求老艄公驾船帮她追赶一个人的故事。饰演老艄公的演员手里拿着一支长篙上场，接着做出靠岸、解开缆绳、推出小船等动作。在行船过程中，两位演员的身体忽高忽低，很有节奏地起伏着，舞台上两位演员无论快走还是慢行，距离始终保持不变，直到两位演员下场。

答＿＿＿＿＿＿＿＿＿＿＿＿＿

【答案】

演员拿着长篙，做出靠岸、推出小船等动作，舞台虽然是平地，但是两位演员的身体很有节奏地起伏着，无论快走还是慢行，距离始终保持不变，观众从演员的表演中感觉到，这是一场两个人坐船的场景。这种借助真实的道具、角色行为进行虚拟的方法，不仅在舞台上真实细致地再现现实生活，而且演员的动作更加舞蹈化、节奏化，既给观众带来了真实的感觉，也使观众获得了美的享受，体现了京剧的虚拟性。

高考试卷中实用类文章的考查以传记和科普文章为主。
例如：2013 年【全国新课标卷】

一个不能忘记的人

刘重来

第二次鸦片战争以后，按照"外国商船可在长江各口岸往来"的条款，外国轮船在长江上触目可见，令国人深感屈辱。1925 年 10 月，卢作孚邀约友人，集资创办民生实业公司，积极投入以经济实力夺回内河航运权的爱国斗争。公司成立之初，整个家当只有一艘载重吨位为 70 吨的小轮船，卢作孚就定下了"服务社会、便利人群、开发产业、富强国家"的公司宗旨，展现了他的强国宏愿。当时，长江上游航运正被外国轮船公司控制着，不多的几家中国轮船公司濒临破产，卢作孚采取"人弃我取，避实就虚"方针，在从未行驶过轮船的嘉陵江开辟新航线，并在管理上大胆改革，使公司站稳了脚跟，并将航线从嘉陵江发展到了长江。从 1930 年开始，民生公司"化零为整"，逐步壮大实力，先后合并和收买了大批中外轮船，并控制了长江上游航运，将曾经不可一世的外国轮船公司逐出了长江上游。到 1945 年，民生公司"崛起于长江，争雄于列强"，不仅在长江沿线、中国沿海港口，而且在东南亚、美国、加拿大等地都有分支机构，成为当时中国最大的民营航运企业，卢作孚也被海内外誉为"中国船王"。

抗战爆发、国难当头的时刻，他号召："国家的抗战开始了，民生公司应当首先动员起来参加战争！"在他的指挥下，全体员工英勇投入到紧张、艰险的抗战运输中去。1938年10月，武汉失守，作为长江咽喉、入川门户的宜昌积压了大批难民和从沦陷区运来的大批机器设备，急待撤往大后方。但是，按照当时的实际运力，至少需要一年才能完成。还有40天就是长江枯水期，日本飞机不断轰炸，日军节节逼近。在此关键时刻，卢作孚下令采用"三段航行法"，除了最重要的军用物资及不宜装卸的大型机器设备直运重庆外，其他物资一律分段运输，使航程缩短了一半或大半。硬是在长江枯水期到来之前，将全部难民和机器设备安全撤离宜昌。

卢作孚的另一项重要贡献是北碚乡村建设实验。1927年，卢作孚被任命为北碚峡防局局长。峡防局本是一个治安联防机构，但他却借此难得的平台，与民国时期各地乡村建设实验不同，明确提出其乡村建设的目的是"要赶快将这一个国家现代化起来"，就"要赶快将这一个乡村现代化起来"。为此，他精心设计了北碚的"乡村现代化"蓝图，"以嘉陵江三峡为范围，以北碚为中心，要将嘉陵江三峡布置成一个生产的区域、文化的区域、游览的区域"，以供中国"小至乡村，大至国家的经营参考"。经过努力，这个昔日贫穷落后、偏僻闭塞、盗匪横行的小乡镇，终于建设成为生产发展、文教事业发达、环境优美的重庆市郊重要城镇。陶行知参观后说，北碚的建设"可谓将来如何建设新中国的缩影"。卢作孚也与姜阳初、梁漱溟一起，被称为"民国乡建三杰"。（有删改）

相关链接

①最好的报酬是求仁得仁——建筑一个公园，便酬报你一个美好的公园；建设一个国家，便酬报你一个完整的国家。这

是何等伟大而且可靠的报酬！它可以安慰你的灵魂，可以沉溺你的终生，可以感动无数人心，可以变更一个社会，乃至于社会的风气。（卢作孚《工作的报酬》）

②乡村建设在消极方面是要减轻人民的苦痛，在积极方面是要增进人民的幸福，造公众福，急公众难。……我们要做这样的事业，便要准备人、准备钱、准备东西、准备办法，尤其要许多人分工合作，继续不断地去办。（卢作孚《乡村建设的意义》）

③确立公众的良好秩序，完成一切物质基础的建设，提高人民的生活水准和文化水准，使国家成为一个本身健全的现代国家尤为吾人必须全力趋赴的积极目的。（卢作孚《论中国战后建设》）

④作孚先生作为旧中国一位著名的爱国实业家，与张之洞、张謇、范旭东一起，曾被毛泽东同志誉为旧中国实业界四个"不能忘记"的人物。（胡德平《发扬和借鉴老一辈民族实业家的精神和经验》）

（1）下列对材料有关内容的分析和概括，最恰当的两项是（　　）（　　）

A. 外国轮船分司垄断长江航运，外国商船在长江上横冲直撞，气焰嚣张，这直接促使卢作孚决心创办中国人自己的航运公司。

B. 为了赶在长江枯水期到来之前将全部难民和机器设备安全撤离宜昌，卢作孚下令一律采用"三段航行法"，实行分段运输，大大缩短了航程。

C. 由于创办民生实业公司的辉煌成绩和完成抗战时期运输任务的卓越贡献，卢作孚不仅受到时人的称赞，也一直为后人所推崇。

D. 从北碚的建设实验中，卢作孚认识到，乡村建设固然需要人、财、物，需要实施办法，更需要动员各方面力量，分工合作，不断努力。

E. 在卢作孚看来，中国战后建设的首要目标就是减轻人民的痛苦，增进人民的幸福，急公众难，并为此身体力行，全力趋赴。

【答案】A项，卢作孚创办民生航运公司的原因是长江上游的航运被外国公司垄断，说外国船只横冲直撞，气焰嚣张无依据。B项，"一律采用"过于绝对，因为这不包括最重要军用物资和不宜拆卸的大型机器设备。E项，"中国战后"不对，应为"乡村建设"。

（2）胸怀强国愿望的卢作孚是如何一步步成为"中国船王"的？请结合材料简要分析。

【答案】①采取"人弃我取，避实就虚"的方针，使民生公司的航运业务从嘉陵江扩展到长江；②化整为零，逐渐控制长江上游航运；③在长江沿岸，中国沿海港口及海外都建有分支机构，使民生公司成为当时最大的民营航运企业。本题考查把握文中结构，概括中心意思的能力，能力层级为C级。本文的思路非常清晰，答题区域主要在第一段。可以结合他为公司的发展定下的宗旨与方针进行思考。

（3）卢作孚被认为"民国乡建三杰"之一的原因是什么？请结合材料简要分析。

【答案】①精心设计北碚的乡村现代化蓝图；②把北碚建成生产发展，文教事业发达，环境优美的重庆市郊重要城镇；③以北碚的实验作为"小至乡村，大至国家的经营参考"。本题考查筛选并整合文中信息的能力，能力层级为C级。本题的答题区域在正文的最后一段。担任北碚峡防局局长后，首先为北碚的发展设计了蓝图，确定北碚的发展目标，并将此作为一个实验，目的是向其他地区乃至全国进行推广。只要抓住关键信息，进行适当整合即可。

（4）为什么卢作孚被誉为"不能忘记的人"？请结合情节和材料，谈谈你的看法。

【答案】①关心国家前途、民族命运的爱国者：提出"服务社会、便利人群、开发产业、富强国家"的强国宏愿，动员民生公司员工英勇抗战；②脚踏实地，勇于实干的实干家：创办民生实业公司，致力于北碚乡村建设；③具有现代意识的改革家：认为建设现代化国家的基本要求是建立良好秩序，注重基础建设，提高人民文化生活水平；④目标高远，不懈追求的理想主义者：把实现个人理想和服务社会有机结合起来。本题考查从不同角度和层面发掘文本所反映的人生价值和时代精神的能力，能力层级为 D 级。回答此题要紧密结合文本内容进行。文章先写他对航运事业的贡献，再写他对抗战作出的贡献，最后写他在乡村建设方面的贡献。另外，相关链接部分也作为一个补充，起到了揭示其精神品质的作用。回答时意思答对即可，如果有其他理解也可以，但须观点鲜明，理由充分，论述合理。

【提示】

实用类文章的命题角度主要集中体现在：

1. 分析综合

（1）筛选并整合文中的信息。

（2）分析语言特色，把握文章结构，概括中心思想。

（3）分析文本的文体基本特征和主要表现手法。

2. 鉴赏评价

（1）评价文本的主要观点和基本倾向。

（2）评价文本产生的社会价值和影响。

（3）对文本的某种特色作深度的思考和判断。

3. 探究

（1）从不同的角度和层面发掘文本的深层意蕴。

（2）探讨文本反映的人生价值和时代精神。

（3）探究文本中的重点和难点，提出自己的见解。

【案例分析】

一、观察案例《人民解放军百万大军横渡长江》

《人民解放军百万大军横渡长江》教学设计

第一板块的教学内容如下：

1. 读课文。

2. 请同学们用三种方式把课文的内容表达出来：

①用一句话说出这则新闻的内容。

②用一段话说出这则新闻的内容。

③用几段话说出这则新闻的内容。

3. 学生们发表自己的意见，教师组织讨论，认为：

①"人民解放军百万大军横渡长江"这一句话说出了全文的内容。

②课文开头第一、二句话简明准确地说出了全文的内容。

③课文中关于中路军、西路军、东路军三个层次的内容说出了全文的内容。

4. 教师顺势讲析：新闻要有标题、要有导语、要有主体。用一个语句单独介绍新闻的内容叫标题；用一段话在开头介绍新闻的内容叫导语；用几段话具体地介绍新闻的内容叫主体。另外，课文开头括号部分叫电头。新闻的结构包括标题、电头、导语、主体。

第二板块的教学内容如下：

1. 教师组织讨论：标题中的"横渡长江"改为"胜利渡江"行不行？通过讨论，同学们认为不行。教师顺势讲析新闻的特点之一：新闻必须具有真实性。

2. 教师组织讨论：这则新闻写完了不发表，等待渡江胜利之后再发表，不就可以改为"胜利渡江"了吗？同学们认为不可以，因为这样的好消息必须及时告诉全国人民。教师顺势讲析新闻的特点之二：新闻必须具有及时性。

二、案例评析

（1）结合文本和文体特点，写出这个案例的教学目标并说明理由。

（2）你认为这个案例的设计亮点是什么？

【技能训练】

一、训练目标

（1）明确实用类文本有效研究与使用技能的基本要求。

（2）掌握实用类文本有效研究与使用技能的基本策略。

（3）完成实用类文本有效研究与使用技能的检测。

二、训练材料

课内：《奥斯维辛没有什么新闻》、《包身工》、《一名物理学家的教育历程》、《中国建筑的特征》，课外：《核心竞争力》、《黄遵宪的外交活动》、《"飞虎将军"陈纳德》

三、训练任务

（一）明确实用类文本有效研究与使用技能的基本要求

实用类文本有效研究与使用技能的基本要求是：准确解读文本，筛选、整合信息。分析思想内容、构成要求和语言特色，评价文本产生的社会功用，探讨文本反映的人生价值和时代精神。

（二）掌握实用类文本有效研究与使用技能的基本策略

1. 技能要求——筛选、整合文中的主要信息

★训练提示

分清文本的主要信息和次要信息，过滤次要信息，压缩有用信息，使主要信息条理化和显现化。

★训练材料

课内：《奥斯维辛没有什么新闻》、《包身工》、《一名物理学家的教育历程》，课外：《核心竞争力》

★训练思路

训练一：

材料《奥斯维辛没有什么新闻》

（1）题目是"奥斯维辛没有什么新闻"，那么作者写了什么？

_____

_____

（2）新闻的生命是真实性，这篇新闻没有写那些酷刑是如何实施的，也没有对遇难者的死亡做直接描写，那作者是以什么独特的视角来写的？

_____

_____

（3）下列有关《奥斯维辛没有什么新闻》的表述，不正确的一项是（　　　）

A. 奥斯维辛虽然没有什么新闻，却有着许多当年纳粹留下的用于迫害囚犯们的"旧物"，本新闻报道的主要事件是参观者沿"毒气室—焚尸室—女监房—试验室—纪念墙—绞刑室"参观，以及参观者在这些"旧物"面前的各种反应。

B. 作为一名新闻记者，罗森塔尔的眼光敏锐地发现了一些可以说是与笼罩在奥斯维辛的肃穆气氛不相协调的东西，比

如"阳光明媚"、"碧绿的草地"、"孩子们的嬉笑"、"雏菊花在怒放"等等。它们透露出来的信息是可怕的，人们开始淡忘纳粹的罪行。

C. 文章无须具体介绍集中营中那些粘满无辜者鲜血的刑具怎样令人望而战栗，单是参观者所不由自主地显现出的表情、举止以及惊叹，就足以使读者的精神震撼，这样作者发掘"旧物"的新闻意义这一目的已经达到了。

D. 这篇报道突出奥斯维辛没有新闻，但是，"没有什么新闻"，还是要写，要继续对纳粹的历史罪行再次予以揭露，以一个新闻记者的使命感，警示世人如果淡忘了纳粹的罪行，发生在奥斯维辛的悲剧就可能重演。

（4）下面这句话是《奥斯维辛没有什么新闻》写参观奥斯维辛过程的最后一句，结合课文，回答后面的问题。

参观者恳求似的你望着我，我望着你，然后对导游讲道："够了。"

在这个句子中，写参观者表情的是＿＿＿＿＿＿＿，写动作的是＿＿＿＿＿＿＿，写语言的是＿＿＿＿＿＿＿。

这些细节描写给了读者什么印象？达到了什么效果？＿＿＿
＿＿＿＿＿＿＿＿＿＿＿＿＿＿＿＿＿＿＿。

训练二：

阅读《包身工》

（1）结合文章内容，对相关信息进行分析和筛选，填写下表。

包身工原来的身份是什么?	
他们是怎么直接沦为包身工的?	
包身工的实质是什么?	
包身工的命运怎样?	

（2）课文哪些段落是记叙部分？哪些段落是说明和议论部分？

_____

_____

训练三：

材料《一名物理学家的教育历程》

《一名物理学家的教育历程》的作者在文章中说："童年的两件趣事极大地丰富了我对世界的理解力，并且引导我走上成为一个理论物理学家的历程。"这两件趣事是指什么？

趣事一：_____

_____

_____

趣事二：_____

_____

_____

【提示】

首先要速读全文，了解大意。要养成动笔圈画的习惯，要注意抓关键句子，如：主旨句、中心句、关键句、过渡句、感叹句、引用句等，尤其注意段首、段尾，画龙点睛的句子。同时要有明确的文体意识。要重视开头段、结尾段。然后把主要信息进行整合，有的信息可直接组合，有的信息除了文中的信息外，必要时要加上自己的理解，串联而形成一个完整的意思。

★训练拓展

阅读《核心竞争力》，回答问题。

"Core Competence"通行的中译是"核心竞争力"，但它的准确译法应该是"核心能力"。所谓"核心能力"，不是公司独有的某种技术或工艺，也不是公司内部某个人或某个部门的能力，而是指公司整合不同的生产技能和技术后形成的一种综合能力，是公司集体学习、运作的结果。核心能力是内在的、无形的、本源性的，它难以被竞争对手所复制。一个公司凭借核心能力才能持续为客户提供独特的价值和利益，才能不断催生新产品、开辟新市场。

了解了"核心能力"的基本含义，我们就能发现目前将"Core Competence"译成"核心竞争力"的误区所在。人们常常说，"渠道是我们的核心竞争力"，"某营销人员一年销售业绩上千万，他是公司的核心竞争力"，"丰富的劳动力资源是公司的核心竞争力"。在这里，"核心竞争力"的译法把人们的注意力过多地引向了"渠道"、"劳动力资源"等外在的、有形的因素，而忽略了核心能力的内在性与本源性。<u>一个公司在市场上有竞争优势，并不一定表明该公司核心能力强</u>，特别是当竞争的环境不公平，或当该公司采取不正当竞争手段的时候。

进一步说，当一个公司过分依靠外在因素在市场上表现出巨大的"竞争力"的时候，往往是这个公司的内在能力开始退化、衰减的时候。优越的资源对于一个公司、一个国家来说的确是一种福音，但同时也可能是一种"诅咒"。这让人想起西方学者关于"石油的诅咒"的说法。由于可以卖石油，一些富油的国家不追求高效的经济体制，不追求创新，他们就躺在石油上坐吃山空，对于这些国家而言，石油资源就成了一种诅咒。一个公司如果一味依靠外在优势进行竞争或只专注于当下的竞争（如打价格战），就难以逃脱这种被"诅咒"的命运。

因此，公司必须从关注外在、表层、有形和现在，转向关注内在、深层、无形和未来。"核心能力"的概念体现的正是这种追求。核心能力的形成是一种由表及里的、动态的、精益求精的过程。公司必须注意保持核心能力的活力，否则也难逃"被诅咒的命运"。能使公司在较长一段时间内获得强大竞争优势的"核心能力"，一旦让公司形成路径依赖，也会产生核心能力硬化的问题。当环境发生巨变时，公司因难以应对而猝然倒下。这就是"核心能力的诅咒"。

（取材于吴伯凡《"核心竞争力"：福音与诅咒》）

（1）下列对"核心能力"的理解，符合文意的一项是（　　）

A. 核心能力与顾客所看重的价值和利益无关。

B. 核心能力不是指个人能力，而是指公司独有的技术。

C. 核心能力被竞争对手复制的可能性很大。

D. 核心能力是一种综合能力，它的形成不可能一蹴而就。

（2）下列说法不符合文意的一项是（　　）

A. 文中所谓的"核心竞争力"，是对"核心能力"这一概念的误读与误用。

B. 公司如果一味依靠外在竞争优势或只致力于当下竞争，其前途堪忧。

C. 劳动力资源丰富、营销人员优秀能使公司在竞争中保持永久优势。

D. 对于任何公司或国家来说，优越的资源都可能带来负面的影响。

（3）根据文意填空。

文章说"一个公司在市场上有竞争优势，并不一定表明该公司核心能力强"，这是因为公司的竞争优势可能来自_____，_____以及其他外在因素。

（4）文章认为核心能力既是一个公司的"福音"，却也可能是"诅咒"，为什么？

_____

_____

2. 技能要求——评价人物及其思想主张

★训练提示

分清作者的观点和文章的主要观点。

★训练材料

课内：《奥斯维辛没有什么新闻》、《包身工》、《中国建筑的特征》，课外：《黄遵宪的外交活动》

★训练思路

训练一：

材料《奥斯维辛没有什么新闻》

（1）白居易《新乐府序》提出"首章标其目，卒章显其志"，《奥斯维辛没有什么新闻》的描写首尾呼应，简要分析作者是怎样委婉地表达强烈的主观感情的。

（2）下面是《奥斯维辛没有什么新闻》获普利策奖的颁奖词，结合课文，简要谈谈你对颁奖词的理解。

　　《奥斯维辛没有什么新闻》突破新闻"零度写作"原则，着眼细节，以冷峻的视角，深沉地描述了今天的奥斯维辛集中营纪念馆。在恐怖与快乐、战争与和平、历史与现实的反差中，它召唤起人们关于灾难的记忆、关于生命的思考、关于人性的自省。它的发表充分地表现了一个新闻记者的使命感，更以迫人的力量震撼生者的心，成为新闻史不朽的名篇。

（3）下列有关《奥斯维辛没有什么新闻》的表述，正确的一项是（　　）

A.《奥斯维辛没有什么新闻》不能算是一篇新闻稿。因为它的标题与新闻稿标题要展示新闻事件核心的要求不符。"没有新闻"却硬要写新闻，那就不能说是一篇"新闻"，至少不是一篇好新闻。

B.《奥斯维辛没有什么新闻》违背了新闻稿导语加主体的结构规律。它没有设置导语，就直奔主体而去了。没有导语的稿子，不能算是规范的"新闻"。

C.《奥斯维辛没有什么新闻》在新闻的诸要素上是不完整的。虽然有了地点（奥斯维辛集中营）、事件（参观奥斯维辛集中营）这两个要素，而其他的要素如人物、时间等都是模糊不清的。

D. 新闻就是用事实说话，《奥斯维辛没有什么新闻》以参观者的感受让人感受到奥斯维辛集中营的可怕、残忍以及令人发指的法西斯罪行，但到处"碧绿的草地"、"孩子们的嬉笑"的奥斯维辛的现状，体现出人们对这段历史已经开始淡薄了，有必要提出警示。

训练二：

材料《中国建筑的特征》

（1）怎样理解作者提出的"中国建筑的'文法'"？怎样理解作者提出的各民族建筑之间的"可译性"？

_____

_____

训练三：

材料《包身工》

《包身工》作于 1935 年，至今已经七十多年了，今天我们读这篇文章，仍然能感到深深的震撼。你认为文章为何具有如此强的震撼力，说说你的看法。

_____

_____

【提示】

"评价人物及其思想主张"包括作者的主要观点及主人公的观点两个方面，应注意区分。评价时要做到"独立"和"负责任"，并努力做到具有"一定深度的思考和判断"。"独立"就是不人云亦云，不一味延袭他人成说，力争有自己的见解。"负责任"就是要尊重文本事实，有正确的是非观和浓厚的社会责任感。"有一定深度"指能够上升到一定的理论高度进行解读。

★训练拓展

黄遵宪的外交活动

作为清朝第一任驻日使馆参赞，黄遵宪表现出很强的历史责任感。除协助公使处理外交事务外，他"既居东二年，稍稍习其文，读其书，与其士大夫交游"。黄遵宪不愿埋首经籍，主张"识时贵至今，通情贵阅世"，走经世致用之路。为了澄清过去封建士大夫对日本的糊涂概念，"随发凡起例，创为《日本国志》一书"。该书以"史家记述，务从实录"为主导思想，力求客观地向中国人民全面、准确地介绍日本的历史及现状，"详今略古，详近略远，凡牵涉西法，尤加详备，期适用也"。显然，黄遵宪想要通过叙述日本明治维新的改革历史，为中国的改革提供借鉴。书以叙述日本历史为经，以评论古今得失为纬。用"外史氏曰"的形式，阐发它的见解，从而把自己的改革思想糅合进日本史的叙述之中。

1891 年 11 月 1 日，黄遵宪被任命为清政府驻新加坡总领事。到任后，他详察南洋各岛情形，体察侨民疾苦，并着手改善侨胞待遇。当地英国殖民者设立的华民政务司"名为护卫华人，实则事事与华人为难"，甚至敲诈勒索。黄遵宪一面与英国殖民主义者斗争，一面将《大清律例》中有关财产各条抄出，并译成英文，要求总督交给华侨聚居地承审官"一体遵办"，以保护华侨的财产。同时，黄遵宪还提倡发展华文教育，改会贤社为图南社。他亲任社长，拟定学规。每月设定课题，鼓励南洋诸生学习中国文化，研究地方礼俗，关心民事民疾。当他卸任归国时，门生潘百禄在《送黄观察公度夫子返国》一诗中，用"遂令空白文明开"、"无异岭表韩公来"表达对老师的赞誉之情。

《马关条约》签订后，准开沙市、重庆、苏州、杭州为通商口岸。中日双方进行具体交涉时，黄遵宪受委派主持苏、杭两地谈判事宜。他谈判的对手是日本著名外交家珍田舍己。当时，珍田摆出一副盛气凌人的架势，要求在苏、杭开埠，专界专管，并且蛮横地说："日本国政府接受专管租界之命，但求按约指地。"黄遵宪毫不示弱，不为其气势所慑。他援引《马关条约》条文，指出"新约所平，只许通商，遍查中文、日文、英文，并无许以苏州让给一地，听日本政府自行管理之语"，拒绝了珍田的无理要求，他又亲自草拟《商埠议案》，凡是《马关条约》文本语焉不详的地方，只要是有利于挽回中国自主权力的，"无孔不入"，"无微不至"，从而有理有礼有节地挫败了珍田的嚣张气焰，在国家民族危亡的情势下为中国争了口气。

黄遵宪在《上某星使论外交家尽职书》中，把他十几年处理外交事务的经验总结为"挪展之法"、"渐展之法"和"抵制之法"，其中最重要的是"抵制之法"。因为在他看来，当时清朝处于列强环视之下，帝国主义瓜分中国的不平等条约已祸害多年，在对外交涉中只图能多挽回些利权，以保国民生计。又因为在弱肉强食的竞争原则下，弱国无外交，与帝国主义的斗争就不能不讲究策略。他阐述说："于固执己见，则诿以彼国未明我意；于争夺己权，则托于我国愿心协力；于要求己利，则谬谓两国均有利益。不斥彼之说为无理，而指为难行；不以我之说为必行，而请其酌度。"即在谈判中千万不能感情用事，把事情弄僵，贻误全局。一定要掌握好谈判的分寸，应想方设法达到自己的目的，同时又不至于使对方下不了台，交不了差。黄遵宪继续阐述说："不以彼不悦不怿而阻而不行。言语有时而互驳，而辞气终不愤激；辞色有时而受拒，而请谒终不惮烦；议论有时而改易，而主意终不游移。将之以诚恳，济之以坚贞，守之以含忍。"黄遵宪认为，凡此种种交涉手段和谈判策略，最终是要达到使"吾民受护商之益"，即保护并发展民族工商业的目的。

（1）黄遵宪所撰《日本国志》一书具有哪些特点？请简要概括。

_____

_____

（2）从文中看，作为清政府驻新加坡总领事，黄遵宪的主要功绩是什么？请简要论述。

_____

_____

3. 技能要求——探究文本所反映的人生价值和时代精神

★训练提示

从不同的角度和层面发掘文本的深层意蕴；探讨文本反映的人生价值和时代精神；探究文本中的疑点和难点，提出自己的见解。

★训练材料

课内：《奥斯维辛没有什么新闻》、《包身工》，课外：《黄遵宪的外交活动》、《"飞虎将军"陈纳德》

★训练思路

训练一：

（1）阅读《奥斯维辛没有什么新闻》，回答问题。

一条长廊，一排排面孔从墙上死盯着你。成千上万张照片，囚徒的照片。他们都离开人世了。这些曾经站在照相机前的男人和女人都清楚死亡在等待着他们。

他们目光呆滞。但是，中间一排有一张照片却使记者回顾良久，思绪万千。一个年轻姑娘，大约只有22岁，丰满可爱，满头金发。她温柔地微笑着，好像想起了什么甜蜜美妙的事情。究竟是什么念头在这个姑娘的脑海中闪过呢？她的形象在奥斯维辛挂满死难者照片的墙上留下的纪念又意味着什么呢？

明明是记者看着长廊上的照片，为什么要说"一排排面孔从墙上死盯着你"，作者这样变换角度是什么用意？你觉得那位姑娘的形象意味着什么？

_____

_____

（2）"对于每个参观者来说，都有某些他认为永远也不会忘记的特别恐怖之处。有的人在奥斯维辛感受最深的是重新修复的毒气室，据说这还是'小的'。而对另一些人留下深刻印象的是：在布热津卡，德国人撤退时破坏了的毒气室和焚尸炉的废墟上已长满了雏菊。"

选段中的"每个参观者"、"有的人"、"另一些人"各指哪些人？作者这样分类的目的是什么？

_____

_____

（3）阅读《奥斯维辛没有什么新闻》第一、二段，回答文后问题。

在布热津卡，不知怎么，最令人毛骨悚然的是，在这里，太阳和煦、明亮，一排排高大的白杨树长势喜人，在门前不远的草地上，还有儿童在嬉笑、打闹。

这真像是一场噩梦，一切都可怕地颠倒了。在布热津卡，本来不该有太阳照耀，不该有光亮，不该有碧绿的草地，不该有孩子们的嬉笑。假若在布热津卡，从来就见不到阳光，青草枯萎凋残，那才合乎情理，因为<u>这里是一个无法形容的恐怖地方</u>。

《奥斯维辛没有什么新闻》有多种译本，有一种译本将上面选文的最后一句译为：

布热津卡应当是个永远没有阳光、百花永远凋谢的地方，<u>因为这里曾经是人间地狱</u>。

你觉得是译为"无法形容的恐怖地方"好，还是"曾经是人间地狱"好？请简要地谈谈理由。

_____

_____

训练二：

阅读《包身工》

（1）如何理解"看着这种饲养小姑娘谋利的制度，我不禁想起孩子时候看到过的船户养墨鸭捕鱼的事了"这句话？

_____

_____

（2）包身工在旧社会处在社会底层，受尽剥削、压榨，甚至丧失了做人的尊严。现代社会这种现象已经消失了，这是社会进步使然。如果有条件，可以对现在工人的工作和生活状况做些调查，在班上交流调查信息，然后写成一篇短文。

_____

_____

训练三：

阅读《黄遵宪的外交活动》

（1）黄遵宪认为，在当时的形势下，外交谈判应该坚持"诚恳"、"坚贞"、"含忍"三项原则，请选择其中一项，并结合全文，谈谈你的看法。

_____

_____

【提示】

"文本所反映的人生价值"包括人物本身体现出来的人生价值和人物的情感态度所反映出来的人生价值；"文本反映的时代精神"则指文本体现出来的所产生的那个时代的精神风貌。另外，也包括文本本身与现在社会的精神之间的相通之处。

★训练拓展

（1）阅读《"飞虎将军"陈纳德》，回答问题。

20世纪三四十年代，中国人民正遭受着日本法西斯的疯狂蹂躏。战争中，从空中给予日本敌机致命打击的，是赫赫有名的美国"飞虎队"，其队长则是有着"飞虎将军"美称的陈纳德。

1937年，中日之战一触即发，增强中国空军作战能力迫在眉睫，当时，陈纳德已经从美国空军退役，他的朋友，在中国担任中央信托局机要顾问的霍勃鲁克非常欣赏他精湛的飞行技术和过人的军事才能，推荐他来华担任国民政府航空委员会顾问，并给他寄去国民政府航空委员会秘书长宋美龄的亲笔邀请信。5月，陈纳德来到上海作为期三个月的考察。在上海，陈纳德受到民众的热情欢迎和宋美龄的接见。他在日记中写道："我终于在中国了。希望能在这里为正在争取民族团结和争取新生活的人民效劳。"

7月7日卢沟桥事变，日本发动全面侵华战争。陈纳德听到消息，当即决定留在中国，表示愿在任何能尽其所能的岗位上服务。他认为"中国对日本之战，是美国也将卷入的太平洋之战的序幕"，他要为中国，也为自己即将卷入战争的祖国尽一份力量。此后，陈纳德在芷江、昆明等地筹建航校，训练飞行员，悉心传授战斗机飞行技术和作战技术，他多年前的军事理论著作《防御性追击的作用》终于有了用武之地。同时，他着手建立一个全国性的地面空袭报警系统，以便战斗机驾驶员及时拦击敌机。为了增强空军的战斗力，1940年10月，陈纳德赴美招募志愿者，虽然遭遇了很多挫折，但从未放弃。经过将近一年的艰苦努力，志愿队组建成功，后被编入美国陆军航空队。

1942年12月7日，珍珠港事件爆发，太平洋战争全面展开。20日，志愿队在昆明和日军进行第一次正面交锋。日军来犯的10架轰炸机有6架被击落，逃跑的4架中又有3架损于途中。而志愿队的飞机全部安全返航，只有1名驾驶员受轻伤。首战告捷，给饱受日机轰炸的昆明人民以极大的鼓舞。当天晚上，昆明各界人士为志愿队举行了盛大的庆功会，陈纳德深受感动，热泪不禁涌出……报纸头版报道战斗经过，称美国志愿军的飞机是"飞虎","飞虎队"从此成为志愿队的代称。

次日清晨，陈纳德收到驻扎在缅甸首都仰光的第三中队的报告，说有敌机在附近出没。陈纳德立即复电说："据过去日本人的惯例，侦察机出现区域的地面为重要军事目标，将会在次日，最迟不超过三日遭到空袭，务必严加戒备。"果然不出所料，23日开始，日军连续空袭仰光，飞虎队第三中队和英国皇家空军迎头痛击，给日军以沉重打击。仰光的连续空战，吸引了全世界的目光，陈纳德也从一个鲜为人知的、退役的美国陆军航空队上尉，成为名扬天下的新闻人物。

此后，飞虎队又在怒江阻截战、桂林保卫战等战役中，取得一个又一个重大胜利，沉重打击了日本法西斯，为中国人民战胜日本侵略者，也为世界反法西斯斗争的胜利作出巨大贡献。陈纳德1942年晋升为准将后，主动向中国政府提出停发津贴。1943年晋升为少将，同年12月，他成为美国著名的《时代》杂志的封面人物。1958年临终前又晋升为中将。

抗战八年，陈纳德领导的飞虎队和中国人民风雨同舟，生死与共，建立了深厚的友谊。1945年飞虎队解散时，陈纳德得到中国国民政府的最高嘉奖。在中国，陈纳德还收获了爱情，1947年和中国记者陈香梅喜结良缘。陈纳德的命运和中国紧密地联系在一起，正如他所说的："我虽然是美国人，但我和中国发生了如此密切的关系，大家共患难，同生死，所以我也算是半个中国人。"

陈纳德去世后，安葬在美国阿林顿公墓。墓碑正面镌刻着他生前获得的各种奖章和勋章，背面写着"陈纳德将军之墓"七个中文大字。(摘编自赵家业《陈纳德》)

相关链接

抗战初期，美国政府对日本侵华战争持"中立"态度，日本人知道有美国顾问在帮助中国，要求美国下令让他们离开。美国国务院发布撤回命令，但陈纳德拒不执行，他斩钉截铁地说："日本人离开中国时，我会高高兴兴地离开中国。"（百度百科）

中国人的友谊最宝贵的体现，莫过于在日军占领区冒着生命危险搭救被追杀的美国飞行员和从那些地区不断地送来情报……为了扩建在成都郊外的飞机跑道，那里一下子就聚集了三十余万民工，三个月就完成了全部工程。（《陈纳德回忆录》）

1990 年，美国发行了纪念陈纳德将军的邮票。当年的飞虎队队员每年军人节都要到华盛顿祭奠他。在中国，重庆要建飞虎队纪念馆，昆明把从城里到机场的一条公路，重新命名为陈纳德路。（《北京青年报》2007 年 11 月 12 日）

（1）下列对材料有关内容的分析和概括，最恰当的两项是（　　）

A. 在霍勃鲁克的大力推荐下，国民政府航空委员会秘书长宋美龄亲自给陈纳德写去邀请信，陈纳德接信后当即决定来中国支援抗日。

B. 为扩建成都郊外的飞机跑道，三十多万民工只用三个月就完成全部工程，陈纳德认为，这是中国人民对飞虎队深厚友谊的最宝贵表现。

C. 陈纳德凭着精湛的飞行技术和卓越的军事才能，为中国抗战立下赫赫战功，自己也从一名退役上尉成为闻名全球的"飞虎将军"。

D. 作为一位优秀的战斗机飞行员、令日军闻风丧胆的飞虎队队长，陈纳德曾经登上美国著名的《时代》杂志的封面。

E. 为帮助中国人民抗击日本侵略者，飞虎队在中国浴血奋战，作出杰出的贡献，因此被国民政府授予最高嘉奖。

（2）陈纳德是一位出色的军事家，材料中有哪些体现？请简要分析。

_____

_____

（3）陈纳德的人格魅力是他至今仍被怀念的一个重要原因。请结合材料简要分析。

_____

_____

（4）为什么陈纳德说自己是"半个中国人"？请结合材料，谈谈你的看法。

_____

_____

（三）完成实用类文本有效研究与使用技能的检测

（1）点评《奥斯维辛没有什么新闻》这篇案例，在点评的基础上完成一篇自己的教学设计并进行说明。

一、教学目标

让学生从文本中明白这则新闻与平时看到的新闻的不同之处，从而得出其获得普利策奖的原因。通过学生学习本文，铭记历史，珍爱和平。

二、教学重点、难点

对文中重点词句及细节的品悟

（一）导入

1. 波兰诗人勃罗涅夫斯基的《我的故乡》：我的故乡，有百万坟墓。我的故乡，让战火烧尽。我的故乡，是多么不幸。

我的故乡，有奥斯维辛。

这首小诗情感诚挚，伴随着教师深情的吟诵，寥寥几句就把诗人对故乡遭受的苦难、承受的不幸那种哀痛感表露无遗。干净利落，教师没有多余的言语，但导入课文极为切合主旨，并且对即将学习这一课的学生起到了情感上的预热作用。我想这应该就是好的课堂导入应该具有的特质效果。

2. 初步感知，阅读，放图片。（继小诗后，教师为了帮助学生了解那段惨痛的历史，放了几张有关奥斯维辛的图片，触目惊心，如果说刚才学生中还有窃窃私语的话，这时可以说是鸦雀无声。图片意味着真实，当那么真实的历史呈现在面前时，带给人们的只有震撼。）

课文《奥斯维辛没有什么新闻》是作者多年后参观集中营时的作品，对曾经集中营里的惨景没有多少描述，图片正好弥补了这些内容，直观形象，简洁明了，如果说前面的小诗带给学生的是触动，而到这绝对是震动。并且对接下来诸如参观者的感受等等内容的理解才会深刻。

（二）整体感知

授课者通过一个主问题"奥斯维辛没有什么新闻，那么作者写了什么，怎么写的"切入，再带领学生深入细读文本。

解读文本

问题：新闻的生命是真实性，这篇新闻有没有写那些酷刑是如何实施的，有没有对遇难者的死亡做直接描写，作者是以什么独特的视角来写的？

1. 参观者的感受

请同学们找出关于参观者感受与反应的句子，相互讨论并想一想，写参观者的感受和反应的目的是什么？

2. 记者的主观感受

作者除了从参观者的视角来写新闻，还采取了什么角度？和同学们一起讨论分析。

作者说"奥斯维辛没有什么新闻"，又为什么要渗透如此强烈的主观情感呢？你能从文中找到依据吗？

3. 对比反差

在这种巨大的对比反差中表现主题，也是这则新闻的重要特点之一，请学生找一找这样的例子，并分析。（抓几个细节分析：①曾经是人间地狱和阳光明媚温暖，还有儿童在追逐游戏。②德国人撤退时炸毁的布热津卡毒气室和焚尸炉废墟上，雏菊花在怒放。）

教师和学生们一起总结出"参观者的反应——冷峻的视角，记者的主观感受——零度突破，对比反差——生命的思考"这三个角度，从细节入手，由浅入深地把握了这篇新闻。这个解读依据来自于这则新闻荣获的普利策颁奖词，这个解读过程最大的亮点是把本文的新闻题材特征和思想内容以及引导学生的学习方法很好地融合起来。

（三）文本回顾

授课者在这个环节用了一个很巧妙的设计，给文章题目"奥斯维辛没有什么新闻"后加一个标点符号，说明理由。这个环节很好，它让学生有话可说，无论是哪一个标点符号都可根据文本言之成理，并且它引导学生再一次回顾并咀嚼文本，更是一个提升课堂和自我的过程。

（四）课堂反馈

通过学习《奥斯维辛没有什么新闻》，我们领会了这则新闻的真正价值在于：揭露罪恶、唤醒良知、铭记历史、珍爱和平。

（五）结束语

我们真诚地希望生活能像文章最后一段写的那样"孩子在明媚的阳光下追逐游戏"。请同学们齐读最后一段，结束课堂。

（2）完成对《包身工》的文本解读，不少于 2 000 字。

第五单元

论述类文本的有效研究与
使用技能训练

【训练导言】

一、论述类文本的教学要求

《义务教育语文课程标准（2011 年版）》从第三学段开始，出现了与文体相关的阅读目标。其中议论文归为实用类文章。第四学段中才对议论文提出要求。

议论文阅读要求列举如下：

阅读简单的议论文，区分观点与材料（道理、事实、数据、图表等），发现观点与材料之间的联系，并通过自己的思考，作出判断。

《普通高中语文课程标准（实验)》中把论述类和实用类文本分开表述。论述类文本包括一般性议论文、杂文、评论、论文等。这一类文章涉及面很广，政治、经济、教育、文言、语言、历史等，几乎无所不包。《普通高中语文课程标准（实验)》中没有专门针对实用类这一类文本提出可操作的阅读要求，但在选修板块中设计了"文化论著研读"系列，并提出了要求：

必修阶段：

1. 从整体上把握文本内容，理清思路，概括要点，理解文本所表达的思想、观点和感情。善于发现问题、提出问题，对文本能作出自己的分析判断，努力从不同的角度和层面进行阐发、评价和质疑。根据语境揣摩语句含义，运用所学的语文知识，帮助理解结构复杂、含义丰富的语句，体会精彩语句的表现力。

2. 能阅读论述类文本。根据不同的阅读目的，针对不同的阅读材料，灵活运用精读、略读、浏览、速读等阅读方法，提高阅读效率。

选修阶段：

1. 选读古今中外文化论著，拓宽文化视野和思维空间，培养科学精神，提高文化修养。以发展的眼光和开放的心态看待传统文化和外来文化，关注当代文化生活，能通过多种途径，开展文化专题研讨。思考人生价值和时代精神，增强使命感和责任感，努力形成自己的思想、行为准则。

2. 借助工具书、图书馆和互联网查找有关资料，了解论著作者情况、相关背景和论著中涉及的主要问题，排除阅读中遇到的障碍。在整体了解论著内容的基础上，选读其中的重点章节，有侧重地进行探究学习，把握论著的主要观点和基本倾向，了解用以支撑观点的关键材料。

3. 学习运用科学的思想方法发现问题、分析问题和解决问题，在阅读过程中注重反思，探究论著中的疑点和难点，敢于提出自己的见解，并乐于和他人交流切磋，共同提高。

4. 关注现实生活和社会的发展，对感兴趣的问题进行思考，参考有关论著，学习对当代社会生活中的问题和中外文化现象作出分析和解释，积极参与先进文化的传播和交流，提高自己的思考、交流能力和认识水平。

二、教材中论述类文本的整体把握

以人教社版高中教材中的论述类文章为例。

高中语文必修四第三单元的教学要求：

阅读时不妨从文章结构入手，沿着作者的思路，看作者的思路，看作者怎样提出问题、分析问题和解决问题，怎样把观点与材料紧密结合起来。对这些文章如果能从不同角度去思考、质疑或阐发，那我们也就接近或进入了更高境界。

高中语文必修五第三单元的教学要求：

学习本单元，除了把握文章的基本观点，最好能够调动自己平时阅读作品的艺术体验，与文章中的相关评论做一番比较。不妨参照这些文章的写法，试着对自己熟悉的作品也做一点分析和论说，这对于提升我们的审美品位，增强文艺评论能力，当会大有裨益。

【提示】

论述类文本，一般都有一个中心议题，并对论述的问题提出明确的见解和主张，即中心论点。所以论述类文本的阅读要抓住中心论点。作者需要一定的材料来支撑自己的观点，阅读时要把握这些材料和观点的关系。

三、"论述类文本"的考查形式

中考试卷中实用类文章的考查以对议论文的阅读考查为主。

例如：2013年【广东卷】

怎样让幸福来敲门

石雅彬

①日前，中国社会科学院发布了《中国城市竞争力报告》。报告指出，在被调查的294个城市中，石家庄市居民的幸福感排名第一。那么，幸福感是什么？幸福从哪里来呢？

②尼采说过："一切幸福感都有两个共同之处：充溢的情感和高涨的精神。一个处在幸福之中的人就像是一条在水中的鱼，觉得无拘无束，可以尽情跳跃。"可见，幸福感对个人的生活状态起着十分重要的作用。同样的生活水平，有人会觉得甜蜜、幸福；而有的人却会感到失落、痛苦。

③作为社会心理体系的一个部分，幸福指数受到许多复杂因素的影响，主要包括经济因素、社会因素和文化因素等。怎样让幸福来敲门呢？把握好以下几点尤为重要：

④第一，心理参照系。人们常说"比上不足比下有余"，这其实反映的就是心理参照系不同而产生的心理感觉差异。大到整个社会，小到社区、家庭，心理参照系处处存在，影响着人们的幸福指数。就整个社会而言，开放型社会和相对封闭的社会，其心理参照系必然不同。例如，在一个封闭社会中，由于缺乏与其他社会的比照，尽管这个社会的物质发展水平不高，但由于心理守常和习惯定势的作用，其成员便可能知足常乐，表现出不低的幸福感；而处在开放的社会，由于受到发达社会的各种冲击，开始有了外在参照，其成员的幸福感便可能呈现下降之势，因为此时他们原有的自尊受到了挫伤。

⑤第二，本体安全感。本体安全感是指人们对外在世界的信任感。人们对外在世界的信任感，既是个体安全感的基础，也是个体抵御焦虑并产生主观幸福感的基础。本体安全感是获得幸福感的重要因素。

⑥第三，成就动机程度。所谓成就动机，就是人们对自己成功程度抱有的期望值，也就是人们常说的志向。志向能够通过不懈努力实现，我们说那是理想；如果志向成为现实的可能性微乎其微，那么，我们只能称其为幻想。人们如果意识到自己获得的成就高于预期目标，便会产生强烈的幸福感；如果感到自己根本无法达到预期目标，就不会有幸福感。虽说每个人都应该有崇高理想，有远大抱负，但随着时间推移，当你发觉自己的目标似乎很难达成，甚至严重影响了你对生活的感受和信心时，那就要反思一下，是否该调整奋斗目标或者是行为模式了。

⑦有研究者发现，在赛场上，冠军的压力最大、焦虑程度最高，因为他们总想保持第一，希望再创佳绩；亚军满怀遗憾，容易陷入"如果发挥再好一点"的侥幸和假想中；而第三名感觉最满意，因为他们获得了不错的成绩，又不用苛求自己非得争第一，因而他们的幸福感最强。

⑧不少人一味追求考重点中学、上名牌大学、跻身精英阶层……可永远想当第一，也就可能永远面临失败的危险；永远想着超越，就永远感觉"自己还不够完美"。太过争强好胜的人，不妨试着体会一下质朴平凡的生活。这不是懒于进取，而是懂得为自己的付出喝彩，这也是一种幸福，是一种更高的生活智慧。(本文有删改)

1. 下列对文章的分析理解，不正确的一项是（　　　）

A. 第①段引用社科院的报告，是为了引出论述的话题；第②段引用尼采的话，是为了论证"幸福感对个人的生活状态起着十分重要的作用"。

B. 俗话说"人比人气死人"、"这山望着那山高"，说明人们的心理参照标准提高了，心理感觉就会发生变化，幸福感也会随之降低。

C. 在赛场上，第三名的幸福感高于亚军和冠军，究其原因，是第三名不苛求获得第一，对成功的期望值低于亚军和冠军。

D. 本文告诉我们，在现实生活中不要一味争强好胜，平淡质朴地生活、懂得为自己的付出喝彩，是获得幸福感的最重要途径。

【答案】D。

2. 下面的材料，可用作本文第④段的事实论据，请说明理由。

位于喜马拉雅山南麓的不丹王国，相对封闭，经济并不发达。2006 年被评为全世界"幸福指数最高的国家"之一，"幸福指数"亚洲排名第一，世界排名第十三。

【答案】第④段围绕幸福指数受到心理参照系的影响展开论述。不丹相对封闭，缺乏与其他社会的比照，心理参照系比较稳定（由于心理守常和习惯定势的作用），人们知足常乐，所以幸福指数高。这正好证明了本段的观点。

3. 结合全文，谈谈为什么"同样的生活水平，有的人会觉得甜蜜、幸福；而有的人却会感到失落、痛苦"？

【答案】因为前者参照的对象和标准适中，知足常乐，能确立符合自身实际的奋斗目标，对外在世界有安全感，所以"会觉得甜蜜、幸福"；后者参照的对象和标准较高，奋斗目标过高，对外在世界缺乏信任，争强好胜，所以"会感到失落、痛苦"。

高考试卷中论述类文章，主要包括社会科学、自然科学等议论和说明类文章。

例如：2013 年【上海卷】

①近年来，艺术史研究者越来越清楚地认识到，对艺术品的理解和研究，不能局限于图像、风格等艺术范围之内，还应拓展到作品的物质性特征和存在方式。如果对中国传统的"卷轴"这一装裱方式加以考察，我们就会发现，这种物质性特征常常是文化精神的某种映射。

②把卷轴和西方油画的装饰形式进行比较，两者的不同显而易见。油画完成后被嵌入硬质的四边画框，意味着一种强制性的"展开"，体现出对静态的空间的占有意识。而中国书画所采用的卷轴形制，则自然引出一个"敛合"的结果。敛合意味着对空间尽可能地放弃，却隐含了时间性的要求。

③卷轴提供的形制，保障了舒卷的权力和自由，而在长幅横式的卷轴作品中，舒卷过程本身就是观看活动的一个介入因素：它拒绝对全幅作即时性的呈现，而对观看范围进行必要的控制，使观看成为一个历时性的过程。具体而言，这类作品展示时，作品左侧部分随着观看的进行被陆续打开，与此同时，右侧部分则被不断收起，观看者视野所及，就是"舒"和"卷"所呈现的自然范围（约为一个手臂的长度）。这种观看方式，要求作品在展示过程中体现出"段落感"，以使观看者视野中的图像保持一个相对完整而又不完全重复的空间，这样的段落空间是逐步呈现和不断变换的，因而是由时间统领和支配之下的空间。这是此类卷轴作品与静态展示的油画作品的重要差别。

④考察卷轴的敛合形制，我们会进一步联想到收藏的行为，因为敛合也正是收藏的一个基本动作。（　　）卷轴所支持的敛合形制，可使作品避免因长期暴露在空气和光线中而受

到损伤，也暗示了对作品时间性要求的尽力满足。

⑤敛合的意义还不止于此，它还可能是对观看者进行挑选的一种方式。卷轴的形制所隐含的既不是无条件的展示，也不是全然不允许观看，它暗示着古代士大夫艺术活动中那种"限制性"的观赏。"更起粉墙高百尺，莫令门外俗人看"，宋人孙少述这两句诗对理解这个问题或许有点帮助。该诗的题目是"栽竹"，考虑到竹子清幽绝俗的文化品性及其与文人墨客的精神关联，我们完全可以把这样的诗句看作古人艺术观念的隐喻。"粉墙"象征着艺术家及收藏者与世俗阶层的趣味隔阂，他们通过粉墙圈筑出自己的庭院，就等于塑造了趣味的共同体，正如布迪厄所说："趣味是分等级的，它会区分出不同的级别群体。被分成不同等级的社会主体，通过自身制造的区隔，会在美与丑、杰出与庸俗之间区分自己。"

⑥既然这样的粉墙是由栽竹人有意构筑起来的，墙内的景观也就成了一种阶层身份的表征。当作品舒展开来的时候，它面对的不可能是公众，相反，其展示常常带有私密的色彩。通过大量的古代文献和图像资料可以知道，艺术品的展示通常是在一个称作"雅集"的小型私人聚会中进行，被邀请的观看者则一般是文人名士。而将一件艺术品长时间地置于众目睽睽之下，不仅不是慷慨之举，反倒可能被视为不谙风雅的行为。

（选自姜勇《舒卷的粉墙》，有删改）

1. 第②段加点词"展开"在文中的意思是＿＿＿＿＿＿＿＿＿＿＿＿＿＿。

【答案】全幅呈现，让整幅画完全展现。本题考查能准确理解含义丰富的词语在语言环境中的含义。解答此题要将词语还原语境，结合上下文理解。

2. 分析第②段画线句在结构上的作用。

【答案】画线句承上启下，承接上文油画的装饰方式体现静态空间占有的内容，引出下文关于卷轴所隐含的时间性要求的阐释。本题考查把握文中重要句子的作用。

3. 概括第③段的主要内容。

【答案】（1）卷轴的形制使观看长幅横式卷轴作品成为历时性过程。（2）卷轴的形制使长幅横式卷轴作品的观看由时间控制。本题考查归纳内容要点，概括中心意思的能力。

4. 把下列语句组织起来填入第④段括号中，语意连贯的一项是（　　）

①在这样的意义上

②收藏的行为是使所收藏之物尽可能地延伸到未来

③"藏"是中国人处理既往事物的一种态度和方式

④把未来变为它曾经存在的"过去"

⑤要求所藏之物具有物质和精神价值上双重的持久性

A. ②，④，①，③，⑤。　　　B. ③，②，④，①，⑤。

C. ③，⑤，②，①，④。　　　D. ②，①，⑤，③，④。

【答案】B。本题以选择题的方式，考查分析文章结构，把握文章思路的能力。

5. 下列对"粉墙"的理解正确的一项是（　　）

A. "粉墙"区分出人们精神境界的高低。

B. "粉墙"暗示群体之间存在趣味差异。

C. "粉墙"阻隔了人们去观赏艺术作品。

D. "粉墙"禁止了不谙风雅的欣赏行为。

【答案】B。本题以选择题的方式考查对"粉墙"概念的理解。

6. 本文研究的视角新颖，阐述的方法多样，请结合文章对这两点作简要说明。

【答案】本文通过研究卷轴的物质性特征来揭示其蕴含的文化精神，与局限于图像、风格等艺术范围之内的研究不同，研究的视角新颖。文章从一般的卷轴作品谈起，转入对长幅横式这一卷轴作品的分析，并对观看过程作具体介绍；还通过比较卷轴与西方油画的装饰方式，以孙少述的诗句做类比、引用布迪厄的话等多种方法来阐述作者的看法。本题考查对文章艺术手法和思路的把握能力。

【提示】

论述类文章的命题角度主要集中体现在：

1. 理解

（1）理解文中重要概念的含义。

（2）理解文中重要句子的含义。

2. 分析综合

（1）筛选并整合文中的信息。

（2）分析文章结构，把握文章思路。

（3）归纳内容要点，概括中心意思。

（4）分析概括作者在文中的观点态度。

【案例分析】

一、观察案例《谈骨气》

《谈骨气》教学设计

一、教学目标

1. 学习论据的准确选用。

2. 学习议论文中记叙的特点。

3. 领悟中国人的骨气的深刻内涵。

二、教学重点

学习议论文中记叙的特点。

三、教学难点

领悟中国人的骨气的深刻内涵。

四、教学过程

1. 导入新课

60 年代初期，我国国民经济正处于暂时的严重困难时期，一部分人在困难面前犹豫彷徨，甚至对前途失去了信心，在这样一个关键时刻，仍有一部分人没有动摇，他们坚信有骨气的民族是任何敌人也吓不倒，任何困难也压不垮的，这其中最有代表性的人物之一就是《谈骨气》的作者吴晗，他怀着满腔的爱国热情，写下了一系列谈骨气的文章，激励人们走出困境，信心百倍地建设祖国。

2. 教授新课

（1）明确体裁，出示重点。

教师提示，激发情绪：本文是一篇很规范的议论文，大家通过自读一定能读懂其中的大部分内容，希望你能将你的阅读成果与大家进行交流、分享。

（2）整体感知，学生自读，为讨论做准备。

（3）学生在预习的前提下畅所欲言，充分发表自己的看法，把自己读懂的内容说出来，与大家进行交流。

教师设计了以下问题：

1. 提出论点部分

本文中心论点是什么？

①什么是骨气？用自己的话解释。

②吴晗用了谁的话解释？怎样理解的？

③吴晗为什么要引用孟子的话来解释骨气，为什么不用现在一个人的名言来解释？

学生思考，教师点拨，引导学生理解骨气的含义，明确有骨气是我们中华民族的优良传统。

2. 证明论点部分

①为了证明中心论点，文中举了哪些例子，你能用最简洁的三句话分别概括这三个例子吗？

（文天祥拒绝降元，穷人不食嗟来之食，闻一多宁死不屈）

②文天祥拒绝降元的例子，哪句话最能表现出文天祥的骨气？为什么？

③穷人不食嗟来之食的例子。

学生畅所欲言，教师引导学生抓住关键语句"人生自古谁无死，留取丹心照汗青"，"只要投降，便可做大官，但他坚决拒绝"，"多次派人劝他"等，理解文天祥的骨气，同时，教师补充《过零丁洋》的写作背景及宋朝小皇帝劝文天祥投降等材料，使文章概括的内容具体化，便于学生领会文天祥的骨气，理解文章高度概括的语言。

A. 什么叫"嗟来之食"？

B. 哪些词语、句子能表现穷人的骨气？

C. 穷人为什么不吃这碗饭？

（没礼貌，瞧不起他，吃了替他办违心之事，穷人不吃这碗饭，体现了人格的不容侵犯，人穷志不短，有骨气。）

④闻一多宁死不屈的例子。

A. 哪些词语、句子最能表现闻一多的骨气？

B. 拓展补充：请同学们听闻一多《最后一次演讲》中的两段。

（用多媒体播放演讲音像，丰富文章的内容，增强视听效果，使学生受到感染，从而深刻理解闻一多的骨气。）

C. 在对闻一多有了充分了解的基础上，师生朗读课文，体会感情。

学生提问，教师解释"拍案而起"的背景：1946 年 7 月 11 日夜，国民党特务在昆明暗杀了闻一多的亲密战友李公朴，他们要暗杀的第二个对象就是闻一多，友人劝他暂时躲避，不要在公开场合讲话，在这样危急的情况下，闻一多却毅然出席了 15 日举行的李公朴的追悼会，会场上人们沉浸在一片悲痛之中，特务却大声喧哗，无理取闹。面对此景，闻一多忍无可忍，拍案而起，走上讲台，发表了义正词严的即兴演讲。

⑤有骨气是我们中华民族的优良传统，从古到今，有骨气的人很多，同学们能不能再举些例子，并用一两句话分别概括他们的事迹？

学生讨论，教师补充，理解中华民族有骨气的优良传统，并为后面分析选材的典型性打下基础。

⑥事例这么多，吴晗为什么只写这三个例子，作者为什么按这样的顺序来写？

学生思考，教师变换三个事例及其排列顺序，启发学生思考与理解论据的准确选用。

多媒体出示变换内容：

A. 变换内容一：

$$\begin{cases} 文天祥拒绝降元 \\ 朱自清拒食美国救济粮 \\ 闻一多宁死不屈 \end{cases}$$

讨论结果——没有平民代表

$$\begin{cases} 文天祥拒绝降元——士大夫 \\ 朱自清拒食美国救济粮——学者 \\ 闻一多宁死不屈——学者 \end{cases}$$

B. 变换内容二：

$$\begin{cases} 文天祥拒绝降元 \\ 穷人不食嗟来之食 \\ 司马迁忍辱负重写《史记》 \end{cases}$$

讨论结果——没有现代人代表

$$\begin{cases} 文天祥拒绝降元——古人 \\ 穷人不食嗟来之食——古人 \\ 司马迁忍辱负重写《史记》——古人 \end{cases}$$

C. 变换内容三：

$$\begin{cases} 穷人不食嗟来之食 \\ 文天祥拒绝降元 \\ 闻一多宁死不屈 \end{cases}$$

讨论结果——不能照应孟子的三句话

穷人——贫贱不能移

文天祥——富贵不能淫

闻一多——威武不能屈

恢复原内容：

文天祥拒绝降元——士大夫——古人——富贵不能淫

穷人不食嗟来之食——平民——古人——贫贱不能移

闻一多宁死不屈——学者——今人——威武不能屈

明确：用事实作论据，选材要注意它的代表性、顺序性、典型性，才能把中心论点论证得更加准确、鲜明。

⑦议论文论据的选择很讲究，在记叙这些事例时，与记叙文的记叙也有所不同，比较文中"嗟来之食"与《礼记》中"嗟来之食"完整故事的叙述。

学生思考、回答。

明确：

A. 记叙文详细，交代六要素，人物刻画细致生动，注意神态、动作描写；议论文的记叙简明概括，说清一件事即可。

B. 目的不同：记叙文以情动人，详细生动；议论文以理服人，记叙为议论服务，它的一切安排取决于中心论点的需要。

3. 归纳总结部分

文章最后，作者提出希望，要有无产阶级骨气，无产阶级骨气的内容是什么？

教师改其中的排比句（"压不扁，折不弯，顶得住，吓不倒"改为"压也压不扁，折也折不弯，顶也顶得住，吓也吓不倒"），与原句比较。

结论：短小的句子节奏感强，读起来朗朗上口，形成气势，使感情一泻千里。

在学生理解的基础上，教师指导学生给语句加着重号，处理好重音，有感情地朗读。

（4）借鉴扩展

现在不是孟子时代，也不是吴晗写本文的时代，我们已经过上了幸福的生活，还需要谈骨气吗？作为21世纪的中学生，怎样叫做有骨气，怎样叫做没骨气？

4. 教师总结

今天，我们学习了吴晗的文章《谈骨气》，领悟了各个阶层、各个时代的中国人的骨气，同学们不难发现我们的民族历经磨难而更加兴旺，濒临绝境而生生不息，至今仍以顶天立地的雄姿屹立于世界东方，正是因为中华民族漫漫的历史长河中一直激荡着一种充塞天地的浩然正气。作为新世纪的中学生，我想，大家也一定会继承这种优良传统，以一颗赤诚之心，正义之心，奋发向上之心，面对任何困难压不扁，折不弯，顶得住，吓不倒，做一个有利于人民、有利于祖国、有骨气的栋梁之材。

以上内容大家都读懂了，说明大家有了一定的阅读和理解能力。

5. 布置作业

阅读下面两段观点截然相反的文章，然后就"中国人的骨气"问题谈谈你的看法。字数不限，形式不拘。完成作业前，可以从网上或到图书馆查找有关资料，使你的议论文像这篇《谈骨气》一样，有具体的事实作支撑，尽可能做到有理有据。

教学资料：

1. 江泽民谈中国人的骨气

中华民族有着从不屈服于外来压力的光荣传统。革命先辈前仆后继,在外国侵略者面前从来没有放弃过反抗和斗争。许多革命烈士,面对敌人的屠刀,视死如归,表现了为国捐躯的浩然正气。可是,在去年的动乱和暴乱中,有些人却同国外敌对势力勾结起来,危害祖国和人民;还有的人认为什么都是外国的好,宣传那套"外国月亮比中国圆"的崇洋哲学。在他们身上,一点民族气节的影子也找不到。一个正直的爱国者,在敌人和外来压力面前,绝不会低下自己高贵的头。人要有正气和骨气,这一点非常重要。

这是江泽民同志在参观《中国革命史陈列》结束时的讲话。(见《毛泽东邓小平江泽民论世界观人生观价值观》,人民出版社1997年7月出版)

2. 关于闻一多"拍案而起"

1946年7月11日夜,爱国民主人士李公朴在昆明被国民党特务暗杀。这时昆明的气氛异常紧张,盛传下一个暗杀对象就是当时在西南联合大学任教的闻一多。许多朋友劝他应该避一避。但闻一多不顾个人安危,继续积极参加抗日救亡运动。

7月15日上午,在云南大学致公堂召开李公朴先生遇难经过报告会。闻一多不听朋友的劝阻,毅然前往参加。当李公朴先生的夫人在报告李先生被害经过泣不成声时,混入会场的国民党特务乘机扰乱会场。此时,闻一多忍无可忍,拍案而起,原本没有准备发言的他即席发表了著名的《最后一次演讲》,慷慨激愤地痛斥国民党特务杀害李公朴的罪恶行径。

当天下午,闻一多又赶赴《民主周刊》社,参加民主同盟为李公朴暗杀事件举行的记者招待会。五时许,在返回西仓坡宿舍途中,他惨遭国民党特务多人狙击身亡,同行的长子闻立鹤为保护父亲也身负重伤。

3. 写一篇议论文《谈当代中学生的骨气》

二、案例评析

（1）结合文本和文体特点，对这个案例进行点评。

（2）你认为这个案例的设计亮点是什么？

（3）独立完成一篇议论文的教学设计。

【技能训练】

一、训练目标

（1）明确论述类文本有效研究与使用技能的基本要求。

（2）掌握论述类文本有效研究与使用技能的基本策略。

（3）完成论述类文本有效研究与使用技能的检测。

二、训练材料

课内：《敬业与乐业》、《说木叶》、《事物的正确答案不止一个》、《热爱生命》、《拿来主义》，课外：《一丸冷月的意味》、《论名声》

三、训练任务

（一）明确论述类文本有效研究与使用技能的基本要求

一般论述类文本以理性思维为主要思维方式，具有理论性强、逻辑性强、针对性强的特点，以议论为主要表达方式，以阐述观点、说明道理、分析事实、辩驳旧说、介绍新知为主要内容。所以，阅读论述类文本要把握文体特点：论点、论据、论证和论证思路。

（二）掌握论述类文本有效研究与使用技能的基本策略

1. 技能要求——解释特殊词、句在特定语境中的含义

★训练提示

特殊词语包括概念、主题词、术语、具有临时义的词语、表现作者情感观点的词语等，特殊句子包括结构句、抒发作者主观感受的句子、表达作者观点倾向的句子、运用了修辞手法的句子等。

★训练材料

课内：《说木叶》、《敬业与乐业》，课外：《一丸冷月的韵味》、《论名声》

★训练思路

训练一：

材料《敬业与乐业》

（1）作者所论述的"敬业与乐业"中的"业"仅局限于狭义的职业吗？

_____

_____

训练二：

阅读《说木叶》，概括"木"在形象上的艺术特征。

（1）概括"木"与"树"的差别，并填写下表。

	形象	意味
木		
树		

（2）概括"木叶"与"树叶"的差别，并填写下表。

	形象	意味
木叶		
树叶		

（3）概括"落木"与"落叶"的差别，并填写下表。

	形象	意味
落木		
落叶		

（4）根据文本内容，理解下列一组诗句的空白处应该填"木"还是"树"？

后皇嘉（　　），橘徕服兮。

桂（　　）丛生兮山之幽。

庭中有奇（　　），绿叶发华滋。

亭皋（　　）叶下，陇首秋去飞。

九月寒砧催（　　）叶，十年征戍忆辽阳。

训练三：

一丸冷月的韵味

①中国艺术追求的静寒境界，宁静而渊澄，有一种自然而平淡的美，这与中国人的文化追求有关。世界永远充满着龌龊与清洁的角逐，而清清世界、朗朗乾坤不仅是中国人的社会理想，也是一种审美追求。

②静寒境界是片宁静的天地。宁静驱除了尘世的喧嚣，将人们带入悠远清澄的世界中；宁静涤荡了人们的心灵污垢，使心如冰壶，从而归于浩然明澈的宇宙之中。宁静本身就是道，是宇宙之本，中国艺术追求这种绝对的宁静。比如在中国画中，永恒的宁静是其当家面目。烟林寒树，雪夜归舟，深山萧寺，渔庄清夏，这些习见的画题，都在幽冷中透出宁静。这里没有鼓荡和聒噪，没有激烈的冲突，即使像范宽《溪山行旅图》中的飞瀑，也在空寂的氛围中，失去了如雷的喧嚣。寒江静横，孤舟闲泛，枯树萧森，将人们带入永恒的宁静中。如北宋画家王晋卿传世名作《渔村小雪图卷》，画山间晴雪之状，意境清幽，气氛静寂，画中渔村山体均以薄雪轻施，寒林点缀于石间崖隙，江水荡漾，与远山相应，一切都在清晖中浮动，真是幽寒宁静之极。

③中国画家酷爱静寒之境，是因为静反映了一种独特的心境。画之静是画家静观默照的结果，也是画家高旷怀抱的写照。画家在静寒之中陶冶心灵，以静寒来表现自己与尘世的距离，同时通过静寒来表达对宇宙的独特理解。

④中国艺术的静寒之境，绝不是追求空虚和死寂，而是要在静寒氛围中展现生命的跃迁。以静观动，动静相宜，可以说是中国艺术的通则，它一般是在静寒中表现生趣，静寒为盎然的生机跃动提供了一个背景。文嘉自题《仿倪元镇山水》："高灵爽气澄，落日横烟冷，寂寞草云亭，孤云乱小影。"在静寂冷寒的天地中，空亭孑立，似是令人窒息的死寂，然而，你看那孤云舒卷，轻烟缥缈，青山浮荡，孤亭影乱，这不正是一个充满生机的世界吗！彻骨的冷寒，逼人的死寂，在这动静转换中全然荡去。

⑤静与空是相联系的，静作用于听觉，空作用于视觉，听

觉的静能推动视觉的空，而视觉的空也能加重静的气氛。在中国画中，空绝非别无一物，往往与静相融合，形成宁静空茫的境界。因此，静之寒在一定程度上就是空之寒。中国艺术热衷于创造"空山无人，水流花开"的境界，拒斥俗世的欲望，不介入社会的复杂文化活动，尽量保持"自然的纯粹性"，即以山水面貌的原样呈现，不去割裂自然的原有联系。空山无人，任物兴现，山水林泉都加入到自然的生命合唱中去。

（1）下列对"静寒境界"的理解，正确的一项是（　　）

A. 它宁静而明澈，化解了龌龊与清洁的冲突，还我们清清世界、朗朗乾坤。

B. 它体现这自然而平淡的美，表明了永恒的宁静是中国艺术追求的全部内容。

C. 它可以帮助我们还原宇宙的本来面目，表达我们对宇宙的独特理解.．

D. 它追求一种绝对的宁静，但这种宁静却不是真正的空虚与死寂。

（2）关于中国画对"静寒之境"的追求，下列表述不正确的一项是（　　）

A. 中国画的习见画题尽管内容指向不尽相同，但其基本特点是在幽冷中透出宁静。

B. 无论是动态之景还是静态之景，画家都力图营造空寂的氛围，驱除喧嚣，归于幽静。

C. 画之静表达的是一种独特的心境，画家在静寒中涵养自己，表现自己与尘世的距离。

D. 中国画以彻骨的冷寒，逼人的死寂反衬现实世界的生机，从而体现出静寒之境的生趣。

【提示】

特殊词、句在特定语境中的含义，指的是这个词语或句子在一定的语言环境中的临时的、具体的、附加的、不同于词典义又与词典义有内在联系的新的含义。

词语的含义包括基本义、比喻义、语境中的临时意义。

句子的含义包括句子的表层意义、句子的深层意义和句子的言外之意。

★训练拓展

论名声

[德] 叔本华

每个人皆能求得荣誉，只有少数人可获得名声，因而只有具有特殊卓越成就的人才能获得名声。

这类成就可分为立功、立言二种，立功、立言是通往名声的两条大道。两条大道各有利弊，主要的差异在于功业如过眼烟云，而著作却永垂不朽。极为高贵的功勋事迹也只能影响一时，然而一部光芒四射的名著却是活生生的灵感源泉，可历千秋而长新。功业留给人们的是回忆，并且在岁月中渐渐地被淡化，终至完全消失，除非历史将它凝化成石，流传后世。著作的本身便是不朽的，举例来说，亚历山大大帝所留在我们心目中的只是他的盛名与事迹，然而柏拉图、亚里士多德、荷马等人依然健在且活跃在每个学子的头脑中，其影响一如他们生时。

立功需要依赖机遇才能成功，因此得来的名声一方面固然是由于功业本身的价值，另一方面也的确是靠风云际会才能爆发出璀璨的火花。比如，战功的评定，它所依据的是少数见证人的证词，然而这些见证人并非都曾在现场目击，即使果然在场目击，他们的观察报道也不一定都公允。以上所说的是有关立功的几个弱点，但可以用它的优点来平衡。立功的优点在于它是一件很实际的事，也能为一般人所理解。

立言的情形恰与立功相反。立言不依赖偶然的机遇，主要靠立言者的品格学问才可以长存不朽。此外，所立之言的真正价值是很难断定的，内容愈深奥，批评愈不易。通常，没有人足以了解一部巨著，而诚实公正的批评家更是凤毛麟角。所以，靠立言而得的名声，通常都是累积许多判断而成的。在前面我已提过，功业留给人们的是回忆，而且很快就成为陈年旧物了；然而有价值的著作，除非有丧失的章页，否则总是历久弥新，永远以初版的生动面目出现。所以，著作不会长久被误解的，即使最初可能遭到偏见的笼罩，在长远的时光之流中，终会还其庐山真面目。也只有经历了时光之流的冲击与考验，人们方能来评论著作，而它的真正价值也才会显露出来。

名声实在仅是与他人相比较的结果，而且主要是品格方面的对比，所以，评价也就因时因人而异。某人的名声可能因新秀的崛起而使他原有的声望在不知不觉中受到了冲击或湮灭。因此，<u>名声是依靠绝对价值来评判的</u>，而所谓绝对价值，只存在于那些出类拔萃之人物，直接地靠其本身而傲视同类，在任何情况下都不可为他人剥夺。所以为了增进我们和社会的幸福，我们应该全力追求伟大的头脑和心灵。没有反射体我们无以看到光线，没有沸扬的名声我们便不可认识真正的天才。然而，<u>名声并不代表价值</u>，许多的天才沉没于默默无闻之中。莱辛便说过："有些人得到了名声，另一些人却当获而未得。"

（1）文章说"立功"与"立言"是通向"名声"的两条大道，请简要分析二者的主要区别。

_____

（2）文章最后一段说"名声是依靠绝对价值来评判的"，又说"名声并不代表价值"，二者是否矛盾？请简要分析。

_____

_____

2. 技能要求——理解段落间的关系，梳理作者思路

★训练提示

结构是文章内容的外在表现形式，包括文中句与句的联系，段与段的关系，整体布局谋篇等。思路是作者为实现表达目的而确定的文章内容和先后顺序。

★训练材料

课内：《事物的正确答案不止一个》、《敬业与乐业》、《热爱生命》

★训练思路

训练一：

材料《敬业与乐业》

（1）圈点并勾画文中表现作者对敬业与乐业观点、看法的语句。

_____

_____

（2）演讲开始，作者就开宗明义提出了"敬业乐业"的主旨，说它是"人类生活的不二法门"。接下来，文中围绕主旨谈了哪几个问题？它们之间有着怎样的逻辑联系？

_____

_____

训练二：

阅读《热爱生命》，梳理文章结构，并填写下表。

热爱生命
- 为什么 {＿＿＿＿＿＿
- ↓深入
- 怎样做 {＿＿＿＿＿＿

训练三：

阅读《事物的正确答案不止一个》，梳理文章的论证过程。

论证中心：怎样才能成为一个有创造性的人？

论证过程：

事物的正确答案不止一个—（　　　　　　　　　）—拥有创造性思维必需的要素—（　　　　　　　　　）—（　　　　　　　　　）

【提示】

分析文章结构，就是分析理解文章对语言材料是如何加以组织和安排的。把握文章思路，就是把握文章各部分内容，发现各层意思之间的内在联系，揣摩作者的构思过程。

★训练拓展

在整个殖民时期，不论是对欧洲殖民者，还是对被他们压迫的非洲奴隶及本土的印第安人来说，烈酒都是艰难岁月中的一种慰藉。

　　对于印第安人为什么如此喜欢烈酒，人们众说纷纭。最有说服力的解释是印第安人认为烈酒就像当地能让人产生幻觉的植物一样具有超自然能力，而饮用者只有让自己完全喝醉才能产生这种幻觉。一位 17 世纪的法国研究者在介绍印第安部落时说道："他们非常喜欢酒精浓度高的饮品。但如果手边的饮品不足以让人一醉方休，他们往往不屑一饮。"如果手边的酒不足以让一大群人全部喝醉，那么这些酒就给一小部分人喝，其他人则在一旁看着。印第安人有"要喝必醉"的习惯，因此，当看到欧洲人有时选择喝葡萄酒时，他们感到非常纳闷。

　　我们且不说印第安人到底为什么对烈酒如此着迷，单说欧洲人，他们着实充分利用了印第安人的这一习惯，在与印第安人进行土地和货物贸易时，他们提供了大量的烈酒（如朗姆酒、白兰地等）。法国毛皮商人给加拿大提供了大量的白兰地，对此，一位法国的传教士大加批评："罪恶的白兰地交易让这些地区的印第安人变得残忍、暴躁和逆来顺受，我们在深表愤慨的同时，更要阻止这种罪恶交易，因为它会让人变得麻木和放荡。"然而，当地的法国军队不但不阻止这种交易，反而把保证白兰地的供应作为自己的首要职责。因为这些酒一部分要卖给印第安人，另一部分要留着自己喝。

　　在墨西哥，自从西班牙人引进了蒸馏术后，麦斯卡尔酒得到了发展。它是墨西哥和中美洲人的日常饮料，经当地的阿兹台克人发酵制作的一种酒精浓度较低的龙舌兰酒蒸馏而成。后来殖民者使阿兹台克人和其他的当地印第安人爱上了麦斯卡尔酒，并逐渐离不开这种高浓度烈酒。1786 年，墨西哥总督认为，既然印第安人如此喜欢烈酒，而这种喜好又能很好地帮助殖民者巩固统治，那么这种以酒治人的方法也完全可以用来对付北方阿帕奇人。他建议："这样，我们就能让他们有一种新的需要，这种需要就会让他们清楚地意识到他们必须依靠我们。"

在火器、枪炮、疾病、瘟疫和蒸馏饮品的帮助下，老牌帝国的殖民者成了新世界的统治者，烈酒帮助殖民者对成百上万的人进行奴役和驱逐，帮助他们建立新国家，并帮助他们侵略异国文化。今天，烈酒不再与奴役和剥削联系在一起，但它仍然被人所用：由于它长时间不变质，飞机上的乘客总喜欢在行李中放上一瓶免费的烈酒；另外为了逃避消费税，消费者总是购买免征赋税的烈酒，这种行为不正是对朗姆酒经营者和威士忌爱好者传统的一种继承吗？

（1）以"烈酒"为话题，先分析印第安人____缘由，再叙述殖民者____的行为，最后指出烈酒在今天仍然被人所用的情况。

（2）最适合作本文标题的一项是（　　　）

A. 烈酒与印第安人

B. 烈酒里的精神慰藉

C. 酒瓶与异国文化

D. 酒瓶里的殖民主义

3. 技能要求——分析评价作者在文中的观点态度

★训练提示

作者在文中的观点态度有的直接表述，有的间接表述；有的集中，有的分散；有的明确，有的含蓄。要从繁杂的阅读材料中分析出作者隐含其中的观点态度并加以概括。

★训练材料

课内：《敬业与乐业》、《拿来主义》

★训练思路

训练一:

(1) 阅读《敬业与乐业》,回答问题。

演讲最后,作者言简意赅地把"敬业与乐业"总结为"责任心"和"趣味",说"我深信人类合理的生活总该如此"。那么,你认为"人类合理的生活"应该是怎样的?

_____

_____

(2) 文中说,"劳作便是功德,不劳作便是罪恶",你赞同这种说法吗?联系现实生活,说说你的理解。

_____

_____

(3) 梁氏的"敬业"说,有着矫正世风、改良国民性的积极作用。请联系中国传统文化的背景,谈谈这种说法的意义。

_____

_____

训练二:

阅读《拿来主义》

(1) 什么是"拿来主义"?为什么要实行"拿来主义"?怎么"拿来"?

_____

_____

(2) 文中的"大宅子"、"鱼翅"、"鸦片"、"烟枪和烟灯"、"姨太太"分别指什么事物?

_____

_____

（3）对待"大宅子"的态度有几种？课文中哪些句子表现了作者的主张？

_____

_____

（4）作者为什么要主张拿来主义？今天学习拿来主义有何现实意义？

_____

_____

【提示】

阅读论述类文本，要迅速浏览全文，抓关键语句，做简要勾画。要理清文章结构，在把握作者思路的基础上，梳理文本中所使用的材料，明确材料中渗透的作者情感和所表现的作者观点。

★训练拓展

20 世纪后期，陕西凤雏村出土了刻有"凤"字的甲骨四片，这些"凤"字的形体大致相同，均为头上带有象征神权或王权的抽象化了的毛角的短尾鸟。东汉许慎《说文解字》云："鹥䳺，凤属，神鸟也。……江中有鹥䳺，似凫而大，赤目。"据此，古代传说中鸣于岐山、兆示周王朝兴起的神鸟凤凰，其原型应该是一种形象普通、类似水鸭的短尾水鸟。

那么，普通的短尾鸟"凤"为何在周代变为华冠长尾、祥瑞美丽的神鸟了呢？我们看到，在商代早期和中期的青铜器纹饰中，只有鸟纹而没有凤纹，真正的凤形直到殷商晚期才出现，而且此时华冠短尾鸟和华丽而饰有眼翎的长尾鸟同时出现，可见"凤"是由鸟演变而来的。综观甲骨文和商代青铜器，凤鸟的演变应该是鸟在先，凤在后，贯穿整个商代的不是凤而是鸟。"天命玄鸟，降而生商"，在商人的历史中鸟始终扮演着图腾始祖的重要角色。

《左传》记载郯子说："我高祖少皞挚之立也，凤鸟适至，故纪于鸟，为鸟师而鸟名。凤鸟氏历正也。……九扈为九农正。"凤鸟氏成为"历正"之官，是由于它知天时，九扈成为"九农正"，也是由于它们带来了耕种、耘田和收获的信息。殷人先祖之所以"鸟师而鸟名"，应该是由于这些随着信风迁徙的鸟，给以少皞为首的商人的农业生产带来了四季节令的消息。

对凤鸟的崇拜起于商代，其鼎盛却在周代。正是在周代，"凤"完成了其发展程序中最后也是最重要的环节：变为神鸟凤凰。许多历史资料记载了周王室在克商前后对"天命"的重视。《尚书》"周书"十二篇中大量出现的"命"字多指天命，"殷革夏命"也是常见的语句。武王在甲子日牧野之战结束后，紧接着就"不革服，格于庙"（来不及换衣服就到神庙参拜），这个"庙"自然不可能是周庙，而是商人的神庙。这说明周王室急于把商人的正统接过来，成为中原合法的统治者。周人之所以宣扬天命，归根结底在于强调"周改殷命"是出自天的意志和抉择。那么有谁能给周人带来"上天之命"呢？根据当时的社会共识，最合适的就应该是"天的使者"——凤鸟。《国语》云："昔武王伐殷，岁在鹑火。"岁即岁星，鹑火即柳宿。古人把赤凤叫做鹑，看来周人选择克商的时间也是寓有深意的。

（1）下列关于凤的形象的表述，不正确的一项是（　　）

A. 20 世纪后期在陕西凤雏村出土的甲骨文中，凤都表现为短尾鸟的形象。

B. 在东汉许慎的《说文解字》中，作为凤属的鷫鸘是跟凫一般大的红眼睛水鸟。

C. 综合甲骨文和上古文献记载看，凤的原型是一种类似水鸭的普通短尾水鸟。

D. 在周代文化中，凤已经从短尾水鸟变成一种华冠长尾、祥瑞美丽的神鸟。

（2）下列表述，不符合原文意思的一项是（　　　）

A. 在商代晚期的青铜器纹饰中，华丽而饰有眼翎的长尾鸟形状的凤纹还没有出现。

B. 从青铜器纹饰和"天命玄鸟，降而生商"这句话看，鸟是殷商人传说中的图腾始祖。

C. 凤鸟知天时，九扈带来耕种、耘田和收获的信息，所以殷人先祖"鸟师而鸟名"。

D. 周人的凤崇拜是从商人那里沿袭而来的，而周人的崇凤热甚至超过了商人。

（3）根据原文内容，下列理解和分析不正确的一项是（　　　）

A. 后代所见的"凤"并不是自然界的一种鸟。在中国文化史上，凤的形象最为重要的演变开始于殷商晚期，最终完成于周代。

B. 周文王、周武王都曾称臣于商纣王。为了表明自己是商朝先王的臣下，周武王在甲子日牧野之战结束后，马上就参拜了商人的神庙。

C. 《尚书》"周书"是记载周王朝史事之书，在"周书"十二篇中大量宣传天命、"殷革夏命"，实际上就是在宣传"周改殷命"。

D. 周人之所以把牧野之战克商的时间定在甲子日，即岁星在鹑火的时候，就是因为鹑是赤凤，而赤凤将带来"上天之命"。

（三）完成论述类文本有效研究与使用技能的检测

（1）点评《咬文嚼字》这篇案例，在点评的基础上完成一篇自己的教学设计并进行说明。

一、教学目标

知识与能力：

1. 通过学生自身"'咬文嚼字'的经历与体会"的展示与交流，认识到"咬文嚼字"的重要性，初步掌握"咬文嚼字"的基本方法。

2. 通过片段作文的规范写作，学会分析与议论。

过程与方法：

1. 精选部分具有代表性的作业，作业的主人向大家展示并讲解自己的作业，其他同学及老师点评或质疑。

2. 在生生、师生的对话过程中，修改、完善所展示的作业。

情感态度与价值观：

1. 在交流、修改作业的过程中，进一步锤炼学生思维，使思维更严谨，表达更严密。

2. 在交流、修改的过程中，认识到语言表达的准确性与多样性，增强对祖国语言文字的感情。

二、教学重点

在展示和修改作业的过程中，认识"咬文嚼字"的重要性，初步了解"咬文嚼字"的基本方法。

三、教学难点

在展示和修改作业的过程中，认识语言表达的准确性与多样性，锤炼并完善学生的思维。

四、教学过程

（一）导入

老师带领学生一起回顾《咬文嚼字》一文的主要内容，重温朱光潜先生对"咬文嚼字"的阐释。

同时再次关注文中重点句子：

在文学，无论阅读或写作，我们必须有一字不肯放松的谨严。

（二）回顾作业要求，明确"交流"侧重点

1. 老师播放 PPT 课件，大家一起回顾作业

PPT 展示：

朱光潜先生在《咬文嚼字》一文中，提倡一种"一字不肯放松"的谨严精神，我们在平时的写作中，也有很多"为了达到最佳表达效果而反复斟酌文字或表达方式"的实例。请你从自己的写作经验中选择 1~2 个"修改"的实例，说说你对"咬文嚼字"的理解与体会。

写作思路提示：

第一步：表明观点（你对"咬文嚼字"的理解）

第二步：举例分析（怎么修改的—为什么要修改—修改后的效果）

第三步：得出结论（你对"咬文嚼字"的体会）

2. 师生共同明确作业要求

PPT 展示：

内容：从"自己的写作经验"中寻找"修改"实例

形式：三步——表明观点、举例分析、得出结论

3. 老师明确此次"交流"的关注点，同时提出"交流"的要求

PPT 展示：

发言人：声音洪亮，表述清晰

同学：从三个方面分析、评价发言人的作业——修改是否恰当；对"为什么修改"的阐释是否合理、透彻；所举"修改事例"及分析能否支撑其对"咬文嚼字"含义的理解。

（三）作业交流

1. 学生一作业展示

①学生一朗读自己的作业。

PPT 展示文字稿：

中国的文化博大精深，单是一个文字就大有学问。中学生、大学生，乃至文字大师、作家在写作中都常要咬文嚼字。简单地说，咬文嚼字就是在写作中对字反复推敲，严格提炼，使字用得恰到好处。

在学习生活中，我也有咬文嚼字的经历。一次描写月光时，我这样写道："空中高悬着一轮皎洁的明月，月光照在地面上，点亮了夜。"但又觉得"照"字用得十分古板、生硬，不足以体现月光的皎洁。经过一番苦思冥想、反复推敲，我决定把"照"字改成"洒"字。这样一来，就变成了"空中高悬着一轮皎洁的明月，月光洒在地面上，点亮了夜"。仿佛看到了"积水空明"的场景，美轮美奂得给人们以遐想，我十分得意。

由此，我也认识到了咬文嚼字的重要性。它能够最大限度地展现文字的魅力，使文字勃勃而有生机。

②学生一请大家作点评。

预设：

学生应该涉及以下内容：

A. 认为改"照"为"洒"更能突出"月光"的特点，是成功的修改事例。

B. 认识到作业中"'照'字用得十分古板、生硬，不足以体现月光的皎洁"句的分析未扣到点上，不够准确、透彻。建议修改此句为"但又觉得'照'字用得十分生硬，不足以体现月光的柔美"。

C. 认识到作业中"美轮美奂"一词的使用有误并正确修改。

如果这几处学生未注意到，老师应该在适当的时候加以引导或补充。

2. 学生二作业展示

①学生二朗读自己的作业。

PPT 展示文字稿：

"掏"与"摸"

"咬文嚼字"是一个常见成语，在写作时，如果我们能坚持"咬文嚼字"，认真对待每一个字、每一个词，常常会取得意外的效果，使文章更加生动感人。

初中时，写过一篇文章，题目叫"收废品的老爷爷"。开始时，我先描写了老爷爷头发花白，衣衫破旧，然后写了老爷爷从口袋里掏出的钱包里净是破旧的纸币。当我写老爷爷从口袋里掏出钱包时，开始曾用了一个"掏"字，但想到老爷爷掏钱包掏了很长时间时，最后决定将"掏"改成"摸"字，将老爷爷从口袋里"掏"出钱包改成"摸"出钱包。

"掏"字只是表达一个动作，而"摸"字则可以表达出更多的信息，它反映出老爷爷年事已高、记忆力衰弱，忘记钱包在哪里，只能在身上摸来摸去，找到钱包位置后，再慢慢从口袋里拿出钱包来。这样一写，就把老爷爷生活的艰辛写出来了。

恰如其分地运用一个字或一个词，会给整个文章画龙点睛，让一篇文章变得更精彩。

②学生二请大家作点评。

预设：

学生应该涉及以下内容：

A. 认为改"掏"为"摸"在刻画人物形象上确实更能突出其特点，是成功的修改。

B. 能意识到作业中"这样一写，就把老爷爷生活的艰辛写出来了"结论的出现非常突兀，因为上文分析的内容强调的是"老爷爷的衰老"，并不能看出"生活的艰辛"。

C. 针对上面的问题，能够提出修改建议：——之所以要"摸"，第一说明钱很少，不易找到，第二说明这一点钱对老人来说十分珍贵，藏得很深，要"摸"才能找到等等。这样，就能够顺理成章地得出"老人生活艰辛"这个结论了。

如果这几处学生未注意到，老师应该在适当的时候加以引导或补充。

3. 学生三作业展示

①学生三朗读自己的作业。

PPT 展示文字稿：

"咬文嚼字"指的是人们对待写作的"一字不放松"的谨严的态度，更是对文章内容的尊重。

"三年的春秋见证了我们的一切，从稚嫩到成熟，从含蓄到奔放，从冷漠到相互关心，从独立到相互依赖！快乐与悲伤，冷静与冲动，交集着我们这丰富而又无穷回味的三年！"

这是我的《回味》中的一段，读着读着，有一个问题浮现，换"交集"为"交织"会不会更好？因为"交织"更凸显出其间关系的密切。这样改后，"快乐与悲伤，冷静与冲动，交织着我们这丰富而又无穷回味的三年！"……读着却仍然别扭，发现问题此时在"着"字上，于是乎"在"字替代了"着"字，成为"快乐与悲伤，冷静与冲动，交织在我们这丰富而又无穷回味的三年！"这样修改后，体现出某些感情交织在三年的时光里，突出了主题。

因此，这每一次的"咬文嚼字"体现着这一丝不苟的精神，更是对内容、感情的尊重。

②学生三请大家作点评。

预设：

学生应该涉及以下内容：

A. 能够发现对于"为什么'交织'比'交集'好"这个问题，学生三没有分析到点子上。

B. 能够帮学生三分析清楚："交织"是动词，而"交集"是名词，原文用"交集"出现了词性的误用，此处"咬文嚼字"，起到的是纠误的作用。

C. 能够肯定学生三对几个助词的推敲、替换处理得非常好，对"为什么这样处理"的阐释也很到位。

如果这几处学生未注意到，老师应该在适当的时候加以引导或补充。

4. 学生四作业展示

①学生四朗读自己的作业。

PPT展示文字稿：

我认为"咬文嚼字"在某一方面讲既是指十分认真地斟酌字句，又是指一种严谨的学习态度，在习作中我们正需要这种"咬文嚼字"一丝不苟的态度。

记得在一次习作课上写一篇《童年的趣事》的作文，在描写我因为药水苦，支走妈妈，偷偷地把药倒掉的情境中写道："见妈妈走开了，我小心翼翼地把药汁倒入花盆里。"写完之后，反复读了几遍，觉得不够味儿，于是把小心翼翼改成了蹑手蹑脚，顿时觉得好多，"小心翼翼"原指恭敬谨慎，后形容"十分谨慎，一点也不敢疏忽"。而"蹑手蹑脚"则是形容"走路时轻手轻脚，小心翼翼不让出声的样子"。两个词的意思有几分相似，但有一些差别，我倒药的过程中，心情是十分紧张的，像个小贼一样，生怕妈妈发现，如果要用小心翼翼的话，就突出不了心里面的紧张、心虚……反而显现出好像对待工作认真、谨慎的意味，而用蹑手蹑脚则不同了，不仅体现出心里面的紧张刺激感，还有几分心虚和几分小孩子的调皮。我认为用在这个情境中，十分恰当。

由此可见，只有认真地推敲斟酌字句，在写作中咬文嚼字，才能使文章中的情感体现得更加丰富。

②学生四请大家作点评。

预设：

学生应该涉及以下内容：

A. 把"小心翼翼"换为"蹑手蹑脚"，是很好的推敲成功的例子，变抽象介绍为直接描摹形象，表达上生动了很多。

B. 学生四对"为什么修改"的分析也很到位，是一份优秀的作业。

5. 学生五作业展示

①学生五朗读自己的作业。

PPT 展示文字稿：

咬文嚼字，是一种对文章严谨的态度。我固然希望可以像王勃那样，《滕王阁序》一气呵成，只字不改。可做不到，那就要咬文嚼字一番。写作文已近十年了，只有一个句子很是得意："偶然回首，没有失落，只有坚强。"起初"偶然"写作"偶尔"，总觉得味道不够，少了些岁月悄然流逝的痕迹。偶尔的意思是间或，有时候。偶然则是指事理上不一定要发生的。回顾往事是我随感觉走的无意识的行为。"偶然"才符合我那时的心情。这个词简单，却清晰体现出我是一个多愁善感，频顾往事的人，句子也顺畅多了。于是我把文章漂亮地收了尾。当时写了什么内容早已忘得无影无踪，只记得这句话，还有当时得了高分。如今想起来，心中还有几分自得，咬文嚼字，看来是写文章的人必需的。

②学生五请大家作点评。

预设：

学生应该涉及以下内容：

A. 修改不错，但"偶然"与"偶尔"的区别没有阐释到位。

B. 就整个语段的写作看，是完整的。而且，议论性语段中，适当加入抒情的成分，也能增强文章的感染力。

6. 学生六作业展示

①学生六朗读自己的作业。

PPT 展示文字稿：

咬文嚼字在古义中是褒义词。发展到后来才有了一点点对对话者死板的仅从字面理解的回答的无奈之情，贬义也不是太重。在我看来，咬文嚼字是个绝对褒义词。它指的是运用文字的一种严谨的态度。

例如这个例子："老爹瞪着眼，嚷道：'你这好小子！给我过来！'"这句话原是描写父亲盛怒之时喝令我的。当我反复阅读后，先把"你这好小子"中的"好"字去掉，因为综合语境来看，在盛怒之时，不会说这个"好"字，若是有这个"好"，就会有点宠爱的情感揉在其中，不能凸显父亲生气的特点。过了些日子，再来读，索性把后面一句"给我过来"中的"给我"去掉，直接在后面加上个叹号。修改后，语气更加强烈，给人很严肃的感觉，而再读修改前的，就不免感觉语言上有些做作。

总的来看，咬文嚼字有时是必须的，咬就要咬得准，嚼就得嚼出味儿！这便是做学问最低的要求了吧。

②学生六请大家作点评。

预设：

学生应该涉及以下内容：

认可修改得当，虽然分析在对修改过程的介绍中，没有严格按照老师提供的思路写，但整个语段思路清晰，而且对于"为什么要修改"有充分而清晰的认识，彰显了作者驾驭语言文字和篇章结构的能力，是值得肯定的一份作业。

7. 学生七作业展示

①学生七朗读自己的作业。

PPT 展示文字稿：

咬文嚼字无外乎仔细琢磨字句的含义，斟酌字句的表达效果，选择正确的形式表达出自己的思想感情。

在我写文章时，也有品味字句的表达效果的时候，印象最深的一次是对一篇文章题目的斟酌。

记得那次是写一篇关于蜗牛的作文。开始，我将题目定为《蜗牛，不要再拘泥于野草丛》。此题目与我想要表达的那种积极乐观处事的思想相容，但是不直接，没有气势，说教味过浓并且不够简洁。当我改为《蜗牛，向前看》就觉得十分满意。因为"向前看"三字中有对未来的期待，也能从中感觉出希望的意蕴，有希望也就有了积极乐观的动力，而且写起来，尤有为蜗牛加油、鼓励的意味，也有对未来的一种美好的向往，这样写下来的文章，行云流水，铿锵有力，不得不说这次较真较对了！

②学生七请大家作点评。

预设：

学生应该涉及以下内容：

这份作业篇幅虽短，但结构完整、思路清晰，分析准确到位，而且语言活泼，是一份非常优秀的作业。

（四）总结

带领学生一起总结

1. "咬文嚼字"的作用

使表达更准确

使表达更严密

使表达更完美

2. 说理性文段写作的要点：

材料必须能够支撑观点

分析材料必须正确、透彻

（五）作业

完成"咬文嚼字"作业

古今文人留下过许多炼字、炼句的佳话，下面是其中的几则。请任意选择其中的一例，写一个议论性片段分析其"炼字"的妙处，表达你对"炼字"的认识。（写作步骤同本次）

材料一：王荆公绝句云："京口瓜洲一水间，钟山只隔数重山。春风又绿江南岸，明月何时照我还？"吴中士人家藏其草，初云，"又到江南岸"，圈去"到"字，注曰"不好"，改为"过"。复圈去改为"入"。旋改为"满"。凡如是十许字，始定为"绿"。

材料二：黄鲁直诗："归燕略无三月事，高蝉正用一枝鸣。""用"字初曰"抱"。又改曰"占"，曰"在"，曰"带"，曰"要"，至"用"字始定。

材料三：任翻（人名）题台州寺壁诗曰："前峰月照一江水，僧在翠微开竹房。"既去，有观者，取笔改"一"为"半"字。翻（任翻）行数十里，乃得"半"字，亟欲回易之，则见所改字，因叹曰："台州有人。"

（2）完成对《读中国诗》的文本解读，不少于 2 000 字。